Boundaries with Kids

为孩子立界线

[美] 亨利·克劳德　　[美] 约翰·汤森德　**著**
Dr. Henry Cloud　　Dr. John Townsend

吴苏心美　**译**

深圳出版社

Boundaries with Kids by Dr. Henry Cloud & Dr. John Townsend
Copyright © 1998 by Henry Cloud and John Townsend
Grand Rapids, Michigan 49530
Originally published in the U.S.A. under the title: Boundaries with Kids
Chinese edition copyright © EFCCC
Simplified Chinese edition copyright © 2007 by AGECO INC
ALL RIGHTS RESERVED

简体中文版总代理 / 深圳市爱及特文化发展有限公司

图书在版编目（CIP）数据

为孩子立界线 / (美) 亨利·克劳德, (美) 约翰·
汤森德著；吴苏心美译. -- 深圳：深圳出版社, 2025.
1. -- ISBN 978-7-5507-4164-5

Ⅰ. G78

中国国家版本馆CIP数据核字第2025TA0751号

为孩子立界线
WEI HAIZI LI JIEXIAN

出 品 人　聂雄前
责任编辑　李　春
责任技编　陈洁霞
责任校对　彭　佳
装帧设计　Ⓢ 斯迈德设计
　　　　　　 0755-8314 4278

出版发行　深圳出版社
地　　址　深圳市彩田路海天综合大厦7-8楼（518033）
网　　址　www.htph.com.cn
订购电话　0755-83460239（邮购、团购）
设计制作　深圳市斯迈德设计企划有限公司（0755-83144278）
印　　刷　深圳市汇亿丰印刷科技有限公司
开　　本　787mm×1092mm　1/16
印　　张　16.25
字　　数　197千
版　　次　2025年1月第1版
印　　次　2025年1月第1次
定　　价　68.00元

译　序

　　自从七年半以前，将一岁半的小真从中国杭州领养到家中以后，我和外子志坦便结束了十三年半以来出双入对、了无牵挂、宁静祥和的情人般的夫妻生活，进入小人儿跟班、牵三挂四、争吵哭闹皆具的家庭生活。

　　由于小真非我们己身所出，她活泼、外向、调皮、大胆的个性，尤其与我害羞、内向、乖顺、胆小的本性迥然相异，以致在养育管教她的过程中，几乎天天冲突四起，逼得我这从小在母亲身旁受教，常年参与儿童、青少年教育事宜，又主修教育，并从事教育工作的人，不得不谦卑地屈膝，求取教养这孩子的智慧、能力和方法。

　　犹记得在2000年11月我拿到《为孩子立界线》这本书之前的两个月，正是小真八岁，开始上小学三年级的时候。我对自己几年以来需要闹钟一响赶紧下床来叫她起床、帮她穿衣服、弄好早餐叫她来吃，然后一直提醒她少讲话、催她吃快一点、急急忙忙送她出门上学……每天早上这一连串像打仗般的生活形态，已感到非常不对劲，尤其是看到她"等着"我替她做每一件事，还怪我啰唆讨厌时，更是叫我怒气冲天。

　　我深切地反省自己，到底问题出在哪里？结果得到的结论是：我把她准时上学认为是我的责任，不是她的责任；她以为上学迟到是我的问题，不是她的问题——这个领悟才让我彻底改变了过往对她的教养方式。

我要她把每天早上从起床到出门上学之前，所要做的每件事，用她最拿手的画画画下来，贴在醒目的地方；每晚帮她把闹钟拨好，隔天要穿的衣服选好；确定她知道怎么倒牛奶、弄麦片和面包；告诉她我早上不会再帮她做任何一件事，因为——准时上学是她的责任，不是我的责任。原以为这要花很长一段时间，她才有办法上轨道，没想到在两个月内，她已经能完全自理，甚至动作愈来愈快，十个月下来至今，她每晚自己拨闹钟、选衣服；每天早上六点半闹钟一响，自己就按掉闹钟起床穿衣；自理早餐，快快吃完；梳洗、打理一切之后，还有15～20分钟甚至半个小时的时间用来读书。

我们一年半以前迁居到奥地利，在维也纳做事，当地的接送系统安全、方便，小孩可以自己搭车上学，我甚至连送她上学都不必了。真没想到"让她为自己负责任"，竟然可以带来这种几乎像从地狱到天堂般的生活！而她也因为能为自己负责任，整个人脱胎换骨似的，愈来愈有自信、愈来愈可爱。

就在我们训练小真在各方面学习"为自己负责任"的同时，我正好在翻译《为孩子立界线》这本书，两位作者在书中所讲的每句话、每一件事、每一个观念，的的确确就是我切身的体验。这本书不但帮助身为母亲的我肯定自己对小真所定的界线是正确的，也帮助我在辅导家庭、婚姻、亲子关系时，更能掌握问题所在，借用书中所举的实例和原则，更有效地指引兄弟姐妹。

我非常认同作者从给孩子立规范的角度，再三强调让孩子为自己生活的每一个层面负起责任的观念和做法。现今的某些家庭、社会里面实在充斥着太多因个人的不负责任而带来的问题，只要你是父母、老师或任何与孩子相处的角色人物，这本书真的会帮助你省思自己与孩子之间的互动关系，让你们在实际生活中有彻底的更新和调整。如果你已经是成年人，觉得自己在负责任的品格上需要更新、突破与成长，这本书也是极佳的自我教育指南。盼望这本译作的出版，使你在阅读并付诸实行之后，享受寓教于乐的生活。

吴苏心美

谨记于奥地利维也纳

目录 | CONTENTS

第三编　与孩子立界线的实践

导言　为何要与孩子立界线

七岁的儿子里基问我："你和亨利叔叔在写什么新书呢？"我（约翰·汤森德博士）告诉他："是有关界线和小孩子的书。"

里基想了一会儿，然后颇有见地地说："我喜欢'说'界线，但不喜欢'听'界线。"

里基啊，你可是跟世上的人站在同一边的噢！大家都只喜欢自己定的界线，不喜欢听别人定的界线。读者朋友，不论你是出于什么动机来看这本书，我们都能体会你的心情，因为里基的那句话正道出了所有孩子（以及许多成人）的立场："让我满意的，就是'好'；让我不高兴的，就是'不好'。"

很多人都拒绝为自己的生活做主，也不肯承担责任。为人父母的任务，就是帮助孩子从内心生发外界所要求的责任感、自制力和自主性。你要跟孩子设立界线并坚守之，可并不容易，但若配合正确的要素，就会大有功效。

为何要与孩子立界线？

几年前亨利·克劳德博士和我合著了《过犹不及》（*Boundaries: When to Say Yes, How to Say No, to Take Control of Your Life*）这本书，其中说明了"设定界线帮助我们更能掌握人生，并且最终帮助我们更爱家庭、更爱他人"的观念。那本书持续大卖，说明它对很多在处事不负责任、操纵他人、控制关系、情绪不稳定、工作冲突等问题中挣扎的人有帮助。

自从《过犹不及》一书出版以来，无论在咨询办公室、研习会或广播节目上，都有许多父母问我们：在养育子女方面如何运用"界线"的原则？父母所关心的，不只是把孩子养得活泼可爱，也希望他们能负责任；做父母的不只是要"亡羊补牢"，也希望我们提出"防患于未然"之道，帮助他们给孩子设立界线。这本书是为他们而写的，它应用《过犹不及》一书的原则，针对养育子女来阐述。

谁该读这本书？

本书适合家中有从婴幼儿到青少年子女的父母阅读。然而，如果你尚未为人父母，也可以用本书去帮助你所关爱、生命受你影响的孩子，如果你的身份是：

◇祖父母

◇老师

◇教练

◇邻居

◇托儿所的工作人员或保姆

◇青少年的辅导员

◇甚至本身是有自我界线问题的青少年

即使你不是他人父母，也会希望自己成为你所影响的孩子他们生命中那股负责任并坚守正义的力量。无论你是孩子的主要监护人，或只是在他生命中扮演次要的角色，这本书就是为了帮助你落实这些原则而设计的。

为什么你该读这本书？

本书所提供的原则适用于各种情况，你不需要身处危机，才能从这本书获益。你的孩子可能在家里、在学校、在人际关系中，都有符合他年龄的成熟表现。本书可确保当你的孩子从一个年龄层进到另一个阶段并步向成年时，能够顺利地成长并持续迈向成熟。

对于在为人父母上面临问题和危机的人，这本书也会有所帮助。每个做父母的都会有教养子女的问题，而有些问题主要围绕在负责任和自我控制这些方面。本书指出如何处理以下几类问题：

◇冲动

◇挑战权威

◇忽视父母的指示

◇诉苦抱怨

◇拖延

◇无法完成工作

◇攻击行为

◇学业问题

◇和朋友起冲突

◇性行为

◇吸毒

◇帮派

虽然本书提到上述问题以及许多其他的问题，但它并不是以"问题"为探讨中心，而是着重在"原则"。亦即，这本书所围绕的主要观念，是要帮助孩子为自己的生活做主。在《过犹不及》中"界线十律"那一章，是设计来帮助读者为自己的生活负起责任，本书则将每一个法则扩充为一整章，应用在教养孩子上。

本书并不是按照年龄顺序，从婴孩、幼儿、儿童到青少年分段来写的。之所以如此，是因为我们认为与孩子立界线有其共通性，无论孩子处于哪个发展阶段皆可适用，你需要以适合孩子年龄和成熟度的方法，应用这些法则。因此，每一章都包含了许多实例，说明如何将这些法则应用到各个年龄层，好让你了解如何活用在适合自己的情况里。

本书偏重于准备做父母的你如何跟孩子"应对"，而非"教育"子女。学习界线与亲身经验有很大的关系，例如：为自己的行为承受后果、学习做主、处理他人的界线……当你学会要求孩子负责任，他们就学到负责任的价值，这个过程要从你自己开始。

本书纲要

本书由三编组成。

第一编，"孩子为何需要界线"——综述帮助孩子学习负责任的重要性。它描绘出有界线的成熟孩子看起来像什么样子；也描绘了有界线的父母本身，会有什么样的举止及相关的事情。

第二编，"孩子需要知道的界线十律"——讨论十条界线法则。你可从中学习到，不仅要"教导"孩子界线，更要"形成"界线并承担后果，以帮助孩子认识到他的生活是他自己的问题，不是你的问题。

第三编，"与孩子立界线的实践"——以六个步骤来实践与孩子所定的明确而实际的界线，作为本书的总结。

欢迎你进入《为孩子立界线》的殿堂！我们的期望是，你能够在此找到有帮助和有用的信息，帮助孩子学习何时该说"可以"，何时该说"不可以"，从而掌控他自己的生活！

为孩子立界线
Boundaries with Kids

第一编
孩子为何需要界线

第一章　未来就在今天

那是个很平常的日子，但发生了一件事，从此改变了我的朋友为人父母的心态。

那天我（亨利·克劳德博士）到朋友艾莉森和她先生布鲁斯家拜访。吃完晚饭，艾莉森离开饭桌去做一些杂事，布鲁斯和我继续聊天。有一通电话进来，他起身去接，我便到艾莉森那里看看有什么可以帮忙的。

我听到她在十四岁儿子卡梅隆的房间。当我走进去时，看到一幅令我震惊的景象——她正高高兴兴地替儿子把衣服和运动器材收拾到一边，又把他的床铺好。当她开口说"我等不及要让你看看我们旅行的照片，那是多么……"的时候，好像她替儿子做这些事是很稀松平常的。

我问她："你在做什么？"

"我在整理卡梅隆的房间啊！"她说，"你以为我在做什么？"

"你说你在做什么？"

"我说，我在整理儿子的房间。你干吗那样看着我？"

我所能做的，就是和她分享我脑海中的画面：

"我只是替卡梅隆未来的妻子感到很难过。"

艾莉森直起身来，愣了一下，然后匆匆地走出房间。我走到客厅，看到她站在那里一动也不动。我因为不知道要说什么，便保持缄默。过了一会儿，她看着我说："我从来没有那样想过。"

我们大部分的人都没有这样想过，现在做父母的从没想过未来，我们总是在处理手边的问题。如果能安然度过一个下午，孩子不会令我们烦到想送他们去阿拉斯加参加青少年训练营，就很了不起了！但为人父母的目标，就是要留意孩子的未来，因为我们是在养育孩子成为负责任的成人。

父母与子女之间的互动方式，是本着天性而来的。例如，艾莉森天生就喜欢帮助人，自然也很高兴帮助她的儿子卡梅隆。别的父母有不同的作风，有的比较宽松，不去管那么多，也不理会儿子的房间杂乱与否；而严厉的父母，则只要孩子的铺床方式稍微不合规定就严厉处罚。

的确，养育孩子需要许多不同层面的介入，有时候要帮忙，有时候不必干涉，有时候则要严格要求。但真正的问题是：你现在所做的，是有意识这样做的吗？还是，你这样做，是基于连你自己都没想过的理由，可能是自己的个性使然，可能是因为童年的印象，可能那时候正好有需要，或是因为害怕而去做？

请记住，为人父母不只是要关心现在，更要预备计划孩子的将来。一个人的"品格"，就是他的命运。

品格可大致决定人的一生会怎么过。在爱情和事业上能否得心应手，取决于内在拥有的能力。在这个为人们的行为寻找各种借口的世界，大家反而奇怪为什么人生那么不顺利。我们大部分的问题都是出于性格上的弱点。通常，无论是否处于困境，只要拥有内在的力量，就会成功；没有内在的力量，要不就是停滞不前，要不就是失败。

如果维持一段关系需要谅解和宽恕，而我们没有那种品格或能力，就无法建立关系；如果工作上遇到困难，需要耐心等候延迟的报酬，而我们却未拥有这些特质，就会失败。品格几乎决定了一切。

"品格"这个词语对不同的人，代表不同的意义。有些人用品格代表发挥道德的力量，或诚信正直。我们用这个词语来描写一个人的全部，即他是怎样的人。品格涉及一个人的能力和无能之处、他的道德架构、人际关系，以及如何做事。他在特定的情况下做了些什么？是怎么做的？当他需要表现时，是如何达到要求的？他懂得爱人吗？他能负责任吗？他对人有同情心吗？他能够发挥才干吗？他会解决问题吗？他能处理失败吗？——这些都是界定品格的要点。

如果品格的组成决定一个人的未来，则养育孩子最主要的，就是帮助他们培养会使其终身安全、稳固、丰富、快乐的品格。做父母的，以及参与儿童工作的每一位，都应当将下面这句话牢记在心：养育孩子最主要的目标，就是帮助他培养出会使他未来人生美好顺利的品格。

艾莉森看到这个未来的真实性，才改变了她以前为人母的态度。她喜欢帮助卡梅隆，但是在许多方面，她的帮忙不是在"帮助"他，反而让他发展出一种模式，认为每个人都应该帮他的忙，而这种"认为"，影响了他在学校的人际关系。艾莉森一直误以为，帮卡梅隆清理他所制造的混乱、帮助他处理没有完成的事，就是让她有机会表达对儿子的爱。

艾莉森不只是个母亲，也是个成熟的妇人和妻子。当她面向未来，看到卡梅隆把责任留给别人去承担时，就为他担心起来了。她发现，做母亲的她不介意去做的事，别人却觉得很不应该。她瞥见了品格与命运的真实性之后，就改变了与卡梅隆的互动关系。她帮助他培养责任感，让他想到他的行为对别人的影响，以及别人是否愿意成为他未来的一部分。

这也是我们所说"未来就在今天"的意思。你在为人父母的时候，就是在协助孩子创造未来。他们在早年所建立的模式（即他们的品格），将来都会活现出来。品格完全是在人际关系中形成的，不要低估你在培养孩子品格上所扮演的角色。

预防的药方

约翰·汤森德博士和我合著了《过犹不及》一书，谈到如何为自己的生活做主。我们在书中提到如何修补因缺乏界线而导致的性格缺失。从那以后，我们通过研习会、广播电台、电视，向上百万的人讲到在生活中设立界线的事。许许多多人告诉我们，设立界线使他们能够去爱人，日子也过得更好，有些人甚至是生平第一次有这种感觉。最令我们兴奋的，莫过于看到人的成长、改变！

然而，我们从自己以及听众和读者的经验发现，有界线问题的成人，并非在成人时才发展出这些问题，他们在早年的生活中就已经学会了这种模式，然后在利害关系更复杂的成年生涯，继续这种失控的模式。他们在年轻的时候就有如下的界线问题：

◇无法对那些具伤害性的人说"不"，也无法对他人伤害性的行为设限。
◇无法对自己具破坏性的冲动说"不"。
◇无法接受别人说"不"，也无法尊重别人所给的限制。

◇无法忍耐等候迟来的奖赏，也无法完成任务。

◇容易受不负责任或具伤害性的人引诱，然后又想要去"修理"他们。

◇替别人的生活负责任。

◇很容易受人操纵或控制。

◇在亲密关系跟维持与他人亲近的关系上挣扎。

◇无法向亲近的人坦白。

◇无法与他人当面对质并有效地解决冲突。

◇生活经验像是受害者，而非以自主的感觉过着有目标的人生。

◇吸毒成瘾，具有强迫性的行为。

◇生活混乱，缺乏贯彻力。

因此，我们开始了防患于未然的想法。我们很乐意帮助那些多年来有界线问题的成人，但更想帮助孩子们避开许多成年人所经历的修补界线的过程。这个认知促使我们着手写作本书。我们见过许多用心良苦的父母，因为没有任何关于"跟孩子一起立界线"的线索，只好把自己有限的界线功能传递下去。如果这些父母知道如何用好的界线来培育孩子，就可以避免许多痛苦。我们希望这本书能帮助你培养孩子所需要的品格，使他们能避开让许多成年人挣扎的问题。

此外，父母也开始问我们要这本书。他们知道自己所经历的痛苦，不希望孩子也走上同一条冤枉路。他们发现，宁可让孩子在小的时候失去某些权利，总比到了成年才失去婚姻或失去工作来得好些。他们也发现，"界线"是使各种关系产生功效的关键，他们想要知道如何实践"跟孩子一起立界线"的原则。我们将父母们想要知道的问题，分成如下三个基本层面：

◇如何教导孩子界线？
◇如何用适当的方式向孩子坚持自己的界线？
◇如何确保孩子不会有我以前有过的界线问题？

我们很乐意帮你解答上面的问题，更愿意帮助你的孩子培养品格，指引他们过上他们应该拥有的生活。

孩子并非天生就受规范

界线是界定一个人的"所有权界线"，它限定了这个人"所有权"的结束以及另一个人"所有权"的开始。如果我们知道某个人的界线何在，就可以预想这个人能够控制自己到什么程度，可以要求他在情绪、行为、态度上负起什么样的责任。举例来说，我们都见过夫妻彼此争论"这件事应该怪谁"，双方都在推卸自己该负的那一份责任。在与他人的关系里，我们可以界定对彼此的期望，然后要求各自负起自己的那一份责任。当我们每个人都在关系中承担起自己的责任时，双方的关系才能够继续下去，也才能够达到目标。

孩子亦然。他需要知道可以从哪里开始，需要负什么责任，不需要负什么责任。如果他知道这个世界要求他为自己的人生负责，他就能够学着达到这种要求，并且把日子过得很好。

然而，如果孩子在一个对自己该有的界线（即自己该负的责任），以及他人该有的界线（即他人该负的责任）不清不楚的关系中成长，就无法培养出这种能够使他成功地掌握人生的自制能力。他会在混乱的界线中成长，而导致相反的结果：想要控制别人，自己却失去控制。事实上，对这种孩子的真实描写就是：失控的能力想要控制周遭的每个人；他们不想控制自己来顺应父母的要求，而是想要父母改变要求！

你可以看到为什么为人父母是如此艰难。孩子不是天生受规范的，他们需要从外在的关系和服从纪律当中，将界线内化为己有。为了使孩子认知他们是谁，以及他们的责任是什么，父母必须与他们立下清楚的界线，并且用方法帮助他们学习自己的界线。

如果界线很清楚，孩子就会培养出如下几种特质：

◇对自己是谁有清楚的认知。
◇知道自己该负什么责任。
◇有抉择的能力。
◇了解如果自己做了很好的选择，事情就会顺利；做了
　拙劣的选择，就会吃苦头。
◇知道有自主能力为基础才可能获得真爱。

界线的要素是自制、负责、自主和有爱心，这也是精神生活的基石。做父母的人，有什么比看到孩子具有这些品德而更感欣慰的呢？但问题是，要怎样办到呢？

父母的三重角色

我们可以从许多不同的角度来看为人父母的角色，有些人把父母看作是教练、警察、朋友——这些角色多少具有某方面的真实性。

以我们的看法，父母或监护人的角色，具有三种主要的功能：

◇ 监护
◇ 管理
◇ 提供资源

监护

监护人对孩子有法律上的责任，他的职责就是保护和守卫孩子。为什么父母需要保护和守卫孩子呢?

孩子并未拥有保护、守卫自己生命的智慧，他们不理解是非、安危、好坏、生死的真正意义，也不会想到他们的行为会带来什么结果，只想到眼前可得到的奖赏是什么。因此，当他们冒险行事，却发现自己的能力有限时，就会陷入危险当中。智慧唯有从经验而来——而这正是孩子最缺乏的一面。

监护人提供给孩子安全的学习环境，让他从中获得智慧。给孩子太少的自由去获取经验，他就永远像个孩子；但给他太多自由，就会有伤害到他自己的危险。因此，在养育孩子上，如何给予适当的自由和限制，是项极大的挑战。父母必须保护孩子远离危险，庇护他们免受伤害，并守护他们的生命。

具护卫职责的监护人，若以适当的界线和限制介入孩子的生活，就可以保护他们免受下列各种危险：

（1）他们内在的危险。

（2）外在世界的危险。

（3）尚未准备好就去使用的不当自主权。

（4）绝对不恰当，甚至邪恶的行动、举止、态度（如杀人或使用迷幻药）。

（5）退化的倾向，持续依赖，逃避成长。

父母的监护人角色，可以守护孩子的安全、成长和健康。他们常常需要用界线来发挥这项功能，为自由设限，然后为保护孩子而坚持这些限制。通过这个过程，孩子将这些限制内化为智慧，逐渐开始能够照顾自己。

管理

管理人的角色就是要确定孩子把事情都完成，达到了目标，也符合要求和期望。孩子并非天生就能自律，因此他们需要"他律"。而管理人就是提供这种他律的功能，来确定孩子完成手边的工作，并且符合对他成长极为重要的期望。

管理人通过掌握资源、教导、执行后果、指正、惩罚、维持秩序，以及培养技巧，来提供这项训练，并监督每日达到目标的程度。

当艾莉森决定不再让卡梅隆逃避为自己负责任时，她就必须管理那个过程。正如你所预料的，卡梅隆并未马上同意这个新计划，艾莉森必须设定一些目标、掌握资源、处理后果，直到她的儿子培养出将来与母亲之外的人和平共处所需要的纪律。简言之，她必须监管儿子的不成熟，例如：给儿子期限去学习照管自己的所有物，并要求他做家务事。她列出如果他不做事的话会有什么后果，并且坚持她说过要强制执行的后果。卡梅隆失去了很多特权，也认识到做个懒惰虫所需要付出的代价。

界线在管理上扮演很重要的角色，设定规范并要求孩子做主（接受那是他自己的问题）和负责任（处理他所接受的问题），可让孩子对界线有清楚的认知。我们稍后会再谈这一方面。

提供资源

孩子出生在一个不知资源何在的世界。他们不知道食物在哪里，不知道如何得到庇护、如何得到买基本用品需要的钱。他们也有非物质方面的需求，但不知道如何得到这方面的满足。他们需要爱，需要心灵的成长，需要智慧，需要支持和知识，满足这些都是他们能力所不及的。

父母有给予孩子所有这些好东西的资源，也是使孩子与外在资源世界接轨的桥梁。在给予和接受资源之间，界线扮演着非常重要的角色。孩子需要学习如何接受，并负责任地使用给他们的东西，且逐渐接管这个满足他们自己需要的角色。刚开始父母有他们的资源，但父母要逐渐让孩子独立，自己去得到他们所需要的东西。

为孩子提供资源，有幸福也有困难。如果父母在给予时没有界线，孩子就会觉得受之无愧，变得以自我为中心、只会要求别人，甚至变得忘恩负义。如果父母把资源抓得太紧，孩子就会放弃，不想去达成那个有奖赏的目标。我们会看到"界线"如何帮助建构资源，以及如何在为人父母上扮演重要的角色。

学习负责任

当卡梅隆起初被迫加入如何为整理房间负责任的学习过程时，他欠缺了几样东西：

◇他不觉得需要整理房间，是妈妈觉得需要。

◇他不觉得有动力去整理房间，是妈妈具有动力。

◇他不打算花时间去整理房间，是妈妈有打算。

◇他没有整理房间的技巧，是妈妈有技巧。

因此，他怎么学会替自己负责任呢？这些特质是经由缓慢的转移，才从卡梅隆的外在逐渐内化。起初妈妈拥有一切内在的特质，而卡梅隆没有，但是"界线"使这一切都反转了过来。到后来，妈妈不觉得有需要或有动力，她也不再花时间或使用她的技巧，反倒卡梅隆有了。界线促使孩子启动了把外在事物内化的过程，而最后的分析显示，对孩子设立界线达成以下成果：从前外在的如今变成了内在的。

在本书下面几章，我们会谈到孩子如何将并非与生俱来的架构内化的过程。当你清楚站稳立场，对孩子设下明确而美好的界线，他们就会有更好的机会获得动力、需求和技巧，过有爱心、负责任、守正义和成功的生活。这也就是我们所谈的"品格"——我们要在下一章，进一步来看孩子所需要培养的品格。

▲ **看完本章，你需要记住的道理是：**

1. 为人父母不只是要关心现在，更要预备孩子的将来；

2. 养育孩子最主要的，就是帮助他们培养会使其终身安全、稳固、丰富、快乐的品格；

3. 品格完全是在人际关系中形成的，不要低估你在培养孩子品格上所扮演的角色；

4. 孩子不是天生受规范的，他们需要从外在的关系和服从纪律当中，将界线内化为己有；

5. 父母具有三种主要的功能：监护，管理，提供资源。

第二章　品格看起来像什么

艾莉森在心里想象儿子卡梅隆的婚姻时，看到"为自己负责任"是孩子应该具有的一个重要特质。于是，她把注意力的焦点从处理当前的事情上，转向从长远来思考如何培养儿子的品格——意志，她到底在教导卡梅隆成为哪一种人？

我们当然希望自己的孩子懂得负责任，却常常不清楚该如何塑造他的品格。我们在处理孩子的事情时，有时候只想这天快快过去，或甚至过了那个小时就好！然而，做父母的如果能够"预先看见"想要培养出什么样子的人，就会知道如何处理某些眼前的问题了。

你不能不知道，当你要孩子做他的家庭作业时，不只是在处理他把功课做完这件事，而且是在处理关乎他的婚姻或工作会成功或失败的问题。你在这一章里面会看到，我们认为做个成人应该具有的几个重要特质，以及"界线"在这些特质的发展上所扮演的重要角色。

有爱心

在"互相信任、充满希望、有爱心"这三大美德当中，最重要的就是"有爱心"。大部分的父母都会说，希望孩子是个有爱心的人。

有爱心的人知道，这个世界并不是围绕着他们转的，他们在行事之前会考虑到他们的行为对周遭的人会造成什么后果。以心理学的用词来说就是，他们不是"以自我为中心"（egocentric）的人——认为自己是最重要的，周遭人的存在只是为了满足他们的要求和需要。

然而，有时候最有爱心的父母到头来却教养出最自私的孩子。怎么会这样呢？我们都听过人家这么说："你知道苏珊是什么样的人吗？她只想到自己！"事实上，苏珊来自很好的家庭，只因为她的父母没有设定界线来要求她尊重别人的感受。缺乏界线导致"利己主义"，影响到苏珊不能去爱别人。在孩童时代没有建立界线，也会导致令人讨厌的冲动、成瘾、不负责任等问题。

乔治垂头丧气地坐在我（亨利·克劳德博士）的办公室里，他所深爱的妻子珍妮特，因为他又丢了工作而离开了他。乔治很有才华，似乎成功该有的条件他都有，但他却因为不负责任和无法贯彻始终，而失去了好几份很好的工作。这些老板都欣赏他的才华，却讨厌他的表现。也由于他的失败，家庭经过几番摩擦之后就瓦解了！珍妮特觉得受够了。

"我是那么爱她，"乔治跟我说，"难道她看不到吗？"

"我相信你爱她，"我说，"但事实上，我认为她并没有看到你的爱。她所看到的，是你的行为对她和孩子的影响。所以她问自己：'他这样对待我们，怎么可能爱我们？'你不能光说爱某个人，却没有实质的表现，没有'爱的果实'就不是真爱。她因为你让她承受这一切，所以觉得你很不爱她。"

乔治如果还有机会挽回珍妮特，不是靠另一个空洞的承诺，他需要培养界线来自我约束，使他成为负责任的人。珍妮特只会相信他的行动，而不是靠口头讲的爱。

乔治在成长的过程中，从未被要求提供爱的果实。他的父母都很善良，而且勤奋工作，但是因为经历过经济萧条及一辈子的辛苦工作，所以不希望乔治像他们一样为糊口而挣扎。结果，他们放任他，很少要求他做什么事，当他没有去履行他们交代的一些杂事和责任时，他们也没有管教他，只认为宁可他有"正面的自我评价"，也不要有他们成长过程中的"愧疚感"。结果呢？乔治从未看到他的"未付诸实行"对所爱的人有什么负面影响。

但结了婚就不一样了，他现在是处在所爱的人对他有所要求的关系里面，以致局面就破裂了。乔治若要做个有真爱的人，而他的爱也实际影响别人的生命，就必须成为负责任的人，这样的爱才是真的。

此外，有爱心的人尊重别人的界线。你曾否和某个无法听到"不"这个字眼的人相处过？你有什么感觉？一般人典型的感觉就是：觉得受控制、被操纵、很气愤，而不是感到受尊重和被关爱。控制人的人越过界线想要支配他人，这种冒犯者不管多么关心你，都不会让你觉得他很爱你。

有爱心的人能够控制自己的冲动。例如，许多酗酒的人很爱家人，他们对自己酗酒的问题很困扰，也觉得很内疚，但还是照喝不误。这就像乔治一样，虽然爱他的家人，却因为缺乏能力对酒精说"不"，结果毁了他最在乎的关系。有许多其他有关"冲动"的问题，就如性行为、过度挥霍、暴饮暴食、滥用药物及暴力攻击等等——到最后连爱也被毁掉了。"缺乏界线"使得这些行为继续下去。

负责任

另一个成熟的品格就是"负责任"。乔治的不负责任使他付出离婚、失财、混乱、不稳定，以及梦想未能实现的代价。

但是所谓负责任是指哪些事情？我们可以想到很多方面，就如：守本分、尽义务、有信用、可信赖，或至少"把事情做完"。

事实上，负责任的范围比上述这些定义更广。我们要"自己做主"来思考"负责任"的意思。为自己的生活做主，基本上就是自我管束。"做主"就是真正掌管自己的生活，并且知道要对别人、对自己的生命负责任。当你"做主"的时候，就知道生命中的每一个层面真的都是你的，也只有属于你，没有人会为你过日子。

我们要按照我们在才干、资源、关系、时间及行为等各方面所付出的，来为自己负责。负责任的人把生命看作是自己的所管之物，知道唯有他自己要为自己的生命负责。

在《过犹不及》那本书里，我们写到界线的欠缺、界线的定义，以及如何保护界线。真正负责任的人会为自己下列这些事情做主：

◇情绪

◇态度

◇行为

◇选择

◇限制

◇才干

◇思想

◇欲望

◇价值

◇爱情

为上述这些事做主的人，是真正负责任的人，也是那种大家都想和他交往的人。负责任的人会说"我的情绪是我自己的问题"，或说"我的态度是我自己的问题"。

某天我和一对婚姻出问题的夫妇协谈。我问他们关于行为方面的事。

"你为什么要离开他？"我问妻子。

"因为他对我大吼大叫。"她答道。

"你为什么需要大声吼叫？"我问丈夫。

"因为她离开我。"他回答。

针对这一点我问了一个很简单的问题：

"你们认为这种情况会持续多久？"

两个人都告诉我，他们无法控制自己的行为。两个人都认为问题出在对方身上。由于双方都在推卸自己行为的责任，就很难有机会做任何改变。

你为孩子定的目标，就是让他越来越明白，在情绪、态度、行为等界线上的失败，是他的问题，不是别人的问题。会说是小妹妹"害我那样做"的小男孩，长大以后也会说同样的话。真正负责任的成人必须明白："是我自己那样做的，我要负责任。"能够说这样的话，就有希望培养自制力。

能自主

你曾经和抱着"受害者"心态的人交往过吗？受害者认为

他们在生活中似乎无从选择，任何降临到身上的事，都是他们的命。

有位妇女跟我抱怨说，同事老是在她想把事情完成的时候，就来干扰她。似乎她工作进度落后都是同事的错。

"你为什么要跟她说话？"我问。

"你是什么意思？"

"她来干扰你的时候，你为什么要跟她说话？"

"我没有办法啊，她就站在那里讲个不停。"

"你为什么不干脆告诉她你有工作要做呢？或是在门上挂个'请勿打扰'的牌子呢？"

这个女人茫然地瞪着我，因为她从未有过"你可以做选择"和"你可以控制自己的行为"这种观念。她认为如果某些事发生在她身上，就必须是那个样子，她无法做什么以改变那个情况。当我提到她有许多选择可解决这个问题时，她仍心存质疑。我给了她五六个建议，包括和那位女同事谈这个问题、告诉主管，或要求换到另一个办公区域等等，但这些建议对她都是全新的想法，她从来不知道可以在与人的关系上和生活中自由做选择。

乔就是这类型的受害人。他的公司强制执行一些新的政策，他觉得很难适应，而且对这样的改变非常沮丧。

我问他："你对这样的情况打算怎么办？"

他问我："你说'打算怎么办'是什么意思？"

"我的意思是，你对被陷在这种不喜欢的境地，打算怎么应对？"

他只是瞪着我看，他花了好长时间才知道，其实他可以选择投履历表到另一家公司，而不必做他讨厌的一周五十个小时工作的牺牲品。

在好的界线里成长的孩子知道，除了为自己的生活负责外，只要肯为自己的选择负起责任，就有自由过任何所选择的生活。对负责任的成人而言，有无限的天空可以做选择。

我们处在一个充满受害者的社会。人们的举止好像对生命无从选择，每件事情都应该替他做好，如果不是这样的话，他们自己就不能做什么，也没办法改变。这种现象给你孩子的未来带来很大的机会：如果你所培养的孩子懂得管制自己的生活，他们就会远远超越别人，而且一定会成功，只差没有保证书而已！和别人相比，他们可是赢在起跑线上！

肯主动

洁莉告诉我她和戴夫的关系。她喜欢他的幽默、敏锐和富有同情心，但对他的缺乏主动性很伤脑筋。戴夫答应和她去做某件新的事情，例如，一起去做运动，但每次要执行计划时，除非她采取主动，否则事情就不会开始。她总觉得自己好像一直在"逼他向上"似的。

我知道戴夫的老板也有同样的感觉。戴夫到最后虽可以把别人要求的事情完成，但似乎总要靠某些外力的催逼才会往前走。大家都对他这种缺乏热情的态度很生气。

人类行为正常的一面是"会主动做事情"。通常，"能否主动做事"是个界线的问题，戴夫就是缺乏界线所提供的那种"以目标为本"的行为架构。

孩子需要被人要求采取主动的态度来行事，这是个重要的界线层面。记得许多年前，我和一位朋友在一起谈话的时候，她十岁的儿子戴维过来好几次，抱怨说他"没事可做"，希望母亲替他想想可以玩些什么。他母亲知道他所需要的资源都在他手边，便看着他说："戴维，你要为自己的乐趣负责任。"过了不久，戴维就找到朋友来家里和他玩。

我最近碰到这位母亲，谈到彼此最近的生活。她跟我提到戴维在大学最后一年所做的各样有趣的事情。我心里想，他到现在依然"为自己的乐趣负责任"。

神秘小说作家玛格丽特·米勒（Margaret Millar）说："生活是我们在做其他计划时，发生在我们身上的某些事。"但对许多人而言，生活是由他们掌控并且用心去追求的事。他们善用才干，并加倍使用以增加生命的容量；他们为"自己的乐趣"及目标的成果负责。在许多情况下，没有这样做的人，多半是从来没有人要求他采取主动去完成任务和目标；他们要别人替他做事，或是要别人替他行为的后果承担责任。

知现实

有人说："面对现实虽令人难过，却是唯一的获益之道。"现实可能让人难以面对，但面对现实却也为生活带来长远的好处；要具备创造有效生活的品格，就必须对"现实"有健康的观念。我们所说的"面对现实"是指亲身体会到自己的行为在现实世界所带来的后果。在后面几章，我们会更深入地谈到这个观念，现在只是粗略地谈一下。

简单来说，每个人都必须知道，他的行为在现实世界里真的会带来后果。成熟的人用这样的观念来为自己过美好的人生，而可怜的人却一再地蒙骗自己没有这回事。

从正面的角度来讲，如果我专心用功读书，就会因辛勤的工作而得到回报。最近我有时间和一位大学时代的朋友相会，他在大二的时候把主修专业换成医学预科，我还记得他是那么勤奋地读有机化学、物理学和其他相关科目。由于比别人晚了一年半，他知道有些课要快马加鞭才行，也知道需要用功读书才能够进入医学院。结果，他赢得了这场竞赛。

今天，我这位朋友在一个大城市执业，是位受人敬重的心脏外科医生，他热爱工作，并且成为医学界的领袖人物。许多人尊敬他、羡慕他的工作，但是他们看到这位受人尊敬的心脏外科医生时，只看到他努力的成果，并没有看到当年那位认定"努力读书就会有好结果"这一法则的大学生。

我们看到别人有大成就时，往往只看到"成就本身"，却没有看到成就背后的因素，以至落入"神奇"的想法，误以为某人之所以能够成就大事，是因为他有过人的能力，或知道某类秘诀。我们以为它很神奇，事实却是：那些成就都是逐日、逐步、逐个累积而来的。我们也需要教导孩子有这样的想法。当他们学会这点，就会知道自己同样可以成就大事，并因而能从积极、健康的一面去看待"现实"。

但是，"现实"也有另一面。例如，浪费时间和偷懒会让我们付出一事无成的代价，超速会让我们付出不能用车的代价，恶劣的行为会让我们付出必须承担恶劣后果的代价。如果我们了解这一点，就会朝向"希望得到奖赏"的方向去努力，也会愿意避开因表现不佳或拙劣选择所带来的痛苦。

我们认得一些不太看重现实的成年人，他们持续做拙劣的选择，然后呢，要不就是别人帮他收拾残局，直到真正的大难临头，要不就是再三地在可怕的失落中受苦。我们实在不懂他们为什么要继续做同样毁灭性的选择。

我们一再发现，这种行为的根源在于"不看重现实"。他们缺乏界线，不懂得用健康的眼光去看重现实，以致被"保释"惯了，就以为"反正有人会去承担后果，不用我去管"。

成熟的大人用健康的眼光重视现实，他们知道，大部分的时候只要为善，好事就会降临，如果什么事都不做，或做坏事，恶果就会来临。这种对"现实"正反两面的看重，通常被称为"智慧"。

当然，坏事也会临到好人身上，但即便如此，如果人们以善去回应，结果就会比较好，因为生活中的现实总有个道理存在。

会成长

你曾否和久未谋面的人重逢，发现他过得比以前好？道别后，你心里对这个人所成就的一切，怀着某种温暖的激赏之情？想想我们见过的例子：

◇某人减轻了六十磅。

◇一对濒临离婚的夫妇复合了，而且过得很幸福。

◇某个人原本事业上遭遇困境，现在发达起来了。

◇"浪子"回头了！

◇原本吸毒成瘾或酗酒的人过着节制的生活。

◇过去几度为感情问题而心碎的人，找到了持久的
  关系。

或者，不去看那些处于困境中的人与事，而是看到正常的事情愈变愈好，也会有同样的感受。例如：

◇某人原先只经营一个小本生意，现在事业做大了。

◇某人离乡背井时，原本举目无亲、一无所有，现在却

创造了丰富的生活。

◇某人中年改行，学会新的技能之后成功了。

◇某个害羞的人逐渐和一群朋友发展出亲密的友谊。

当我们听到某个人的成长，以及他如何克服困难的障碍，尤其是克服了性格上的弱点时，就会受到激励。我们喜欢看到人改变了、成长了，喜欢看到人比以前更有成就，或更成功。就像《意外的人生》（*Regarding Henry*）和《再生之旅》（*The Doctor*）这类的电影之所以会扣人心弦，就是因为其中有人在改变和成长。

"有能力成长"是关乎品格的问题。好父母能够帮助孩子培养面对障碍、迈向成长的品格。这样的品格包括有发展的能力、懂得求取知识、能够面对自己需要改变的负面事情。

这个会成长的品格也包括了：

◇能够从低落的情绪状态中恢复过来。

◇可以承受一段时间负面的压力、迟来的奖赏，或不愉快的感觉，直到责任完成。

◇比赛输得起、化解得了悲伤、放得开那些要不到或赢不了的东西。

◇犯了错愿意承认。

◇面对现实的境况时，懂得改变行为或方向。

◇肯原谅别人。

◇发现了问题能主动去处理。

一个人若能做到上述这些事情，就有能力在面对困难的挑战时成长。

我最近为一个大机构的"人事问题"担任顾问，有个问题人物正处在非常大的困境里面。他很有才华，但是行为和表现却不能符合机构的期望，如果他不肯改变，就可能会失去现有的职位。他最近升迁到一个高层的职位，负责管理公司跨州之间的业务运作。当新的运作要求他具备新层次的能力来处理问题和人事时，他就遇到困难了。

例如，他必须解决员工和母公司之间的冲突，有时候某人是否该离职，取决于他怎么处理冲突结果。他在处理人们的情绪状态上很有问题，不但具有敌意，也想要从这些改变里面马上得到成果。

他不仅不肯用"需要成长"的态度来回应新的机会和要求，反而背道而驰，要求机构和老板做出改变，来证明他是"对的"。事实上，如果看上述所提那些成长的人具有的品格能力，他样样都缺。他表现出困难的情绪，而不去解决困难；他无法忍受失败，也无法放开它去计划另一项行动方案。他不愿意努力去尝试那种暂时没有结果的改变，只想要立竿见影。当面对问题的时候他就责怪别人，被要求改变时，他继续我行我素。

结果，他被一个才干较低但品格更好的人取代。我很为他惋惜，因为他若有心成长，就可以做得很好。我在做他的跟进工作时，发现他自孩提时代以来即有拒绝成长的模式，他从未真的被要求去顺应现实的需求，总是被容许保持原状，而他也用自己的魅力和才干去避开改变。

做父母的要避免孩子浪费才干，必须要求他们做改变，而不是改变现实来配合他。"界线"让孩子看到他们被期望的是什么，以及他们需要如何成长来符合这些期望。

愿诚实

不诚实的人处在痛苦和灾难之间。身为咨询师，我看到不诚实所导致的问题，可能比任何其他关系上的问题来得更令人心痛。不诚实会激发背叛心理、阻挡亲密关系、妨碍正常成长。人若能够，也愿意诚实，最终必能成长。

诚实始于做父母的人自己有好榜样，并要求孩子诚实，也提供孩子说实话的安全环境。孩子们多半会在受到威胁时隐瞒实情，因此，父母需要在安全和标准的微妙平衡之间，制造环境，使孩子可以克服隐瞒真相的自然本性。

我用了几个月的时间处理萨拉和汤姆的问题。有一天萨拉到办公室来跟我说："我们结束了，我就是不能相信他，我永远不会再相信他了。"

"怎么回事？"我问她，心想汤姆一定又有风流韵事了，他几年前有过一段情使萨拉至今尚未释怀。

"他说过我们有足够的钱来付账单，不用担心。然而，今天我收到好几封通知，说我们每样东西都拖欠费用。"她开始啜泣，"这种日子我再也过不下去了！"

我们继续谈，又听到了从有不忠实配偶的人口中听过上百次的相同剧本。令人难过的是，问题不是出在钱上，而是汤姆对钱的问题不诚实。萨拉可以处理钱的问题，但因为汤姆不能诚实地说出他们的账单拖欠到什么程度，使得萨拉总是处在流沙似的危险状态。她不断地发现事情不是像汤姆要她相信的那样。配偶之间所撒的谎，通常都不是大事，但隐瞒和撒谎总是会破坏信任。我经常听到受伤的配偶哭着说："不管那是什么事情，只要告诉我真相，让我知道我们在面对什么问题就好！"

有关谎言的可悲问题是："为什么？"说真话是那么容易的

事，为什么却要撒谎？既知欺骗会比坦白认错惹来更多的怒气，为什么还要撒谎？已经有一个问题了，为什么还要制造另一个"撒谎"的问题？

通常答案在于一个人的成长背景和他品格的发展。他怕所犯的错会在这段关系中造成生气、羞耻、愧疚、责备和离弃，所以隐瞒真相。然后，当他被发现撒谎时，却带出原先害怕会发生的所有事情——生气、羞耻、愧疚、责备和离弃。撒谎所导致的后果，多过犯错所导致的结果。

"界线"帮助人说出真相。界线除了要求"真实"，也给人安全感，知道失败会带来什么结果。孩子比较能够面对犯错所带来的必然结果，如面壁思过、失去看电视的权利、失去逛街的机会等等，他们不大会处理人际关系上的后果，如生气、羞耻、愧疚、责备和离弃等等。孩子更多是躲避人际关系上的后果，而不是行为所导致的必然结果。

朝向卓越

我们要学会超越生活、困难、自身的限制、所犯的错误，以及别人对自己的得罪。人若不能超越生活中的现实，他的成长将是极为有限的。

没有这种超越感的人，最可悲的就是别人和他来往时会很不愉快。因为这种人无法看到自己不是主宰，无法看到生活不是围绕着他在转；以致他只想到自己，以自我为中心在过日子，把别人看作"东西"而不是看作"人"。"超越自己"的意思就是能够超越自己的存在，重视别人的存在。不这样做的人是希望周遭的一切都要服务于他，而不是他来服务别人。

有能力超越自己的人，可以越过自己的存在，体会别人的真实存在，他们视所拥有的美德比自己和即时快乐来得更重要。他们能够为更高的美德、价值，甚至他人，暂缓或放弃即时满足。总之，由于他们认识到生命大于他们自己的存在，就有更大的承担力在任何特定的时刻来满足生命的需求。谦卑使他们大过本来的自己，骄傲带来毁灭，谦卑却带来真正的荣耀！

适当的次序

为人父母者看到要为孩子塑造这么多的品格，可能会觉得承担不起。的确，处理当前的状况或一切顺其自然是容易得多，但是，塑造孩子品格的需要更重大、更崇高。就如我们前面所说的，孩子的品格决定他的一生。

史蒂芬·柯维（Stephen Covey）在他的畅销书《高效能人士的七个习惯》（*The Seven Habits of Highly Effective People*）中说："你脑海里要先从结果开始。"——这是把事情做得很好的人所具有的特点，也是好父母的特色。当我们了解做父母的人最重要的任务就是培养孩子美好的品格时，也就接近那个目标了。

然而，要培养孩子有美好的品格，我们自己必须是个有好品格的人；要培养孩子的"界线"，我们自己也要有界线。这就是下一章所要讨论的主题。

▲ **看完本章，你需要记住的道理是：**

---

1. 缺乏界线导致"利己主义"；

2. 有爱心的人尊重别人的界线；

3. "是我自己那样做的，我要负责任"；

4. 孩子需要被人要求采取主动的态度来行事，这是个重要的界线训练层面；

5. "面对现实"，亲身体会到自己的行为在现实世界所带来的后果。

第三章　孩子需要有界线的父母

　　我（约翰·汤森德博士）第一次听到"问题儿童"这几个字是在上小学的时候，无意中听到两位老师在谈论我们班上的同学韦恩："韦恩到我班上之前，我就听说他是个问题儿童。"

　　由于我认识韦恩，所以这些话对我是有特别意义的。我虽然喜欢韦恩，但他似乎总是无法控制自己。他很有破坏性、自以为是、爱干扰别人、对老师很没有礼貌，我对他怎么会这样没有想太多，直到有个礼拜六到他家玩才知道。

　　韦恩的父母很和气，但是对儿子很放任。例如我们在客厅里跳上跳下打篮球，搞得很大声，过了好久都没有人来说半句话。后来他妈妈进来，带着请求的笑容说："韦恩，宝贝，我不想打断你们的兴致，不过到别的地方去玩是不是好一点？"

　　韦恩傲慢地看了他妈妈一眼，继续玩他的。

　　过了一会儿，他爸爸进来，很生气地骂我们："喂，小家伙，我要讲几次你们才会停下来？"

　　所以我们离开客厅，继续拍着球跑到楼上韦恩的卧室。我们在那里搞得楼下的人更发狂了，因为韦恩在房间里跑来跑去。

　　"问题儿童"是不会凭空出现的。每个问题儿童一般都是从有问题的生活环境中培养出来的，受健康约束的孩子，不会无中生有地出问题。虽然人天生就会抗拒约束，但父母还是可以帮助孩子培养界线。任何时候只要你开始看到界线起了冲突，就会看到问题的来源。

我们常常会听到两种说辞：把问题归咎于孩子，认为都是人的本性使然；把问题怪到父母头上，认为孩子失控的行为都与"他小时候父母是怎么教的"有关，而且在每个个案里头，都可明显看出父母有推波助澜。

其实，这两种看法都不十分正确，而且事实比这两种看法还要糟糕。今天我们成为什么样的人，基本上是两股力量——"我们的环境"及"我们对环境的反应"所产生的结果。父母与我们之间这种重要的关系以及生活的环境，强而有力地塑造了我们的人格和处世态度。但我们或被动或主动地回应这种重要关系和生活环境，这也同样影响到我们成为什么样的人。

可能你有个很难规范的孩子，或者你只是想要帮孩子成为负责任、守信用的人，无论如何，这一章内容都不是要让你觉得愧疚，而是要找出首要因素，帮助孩子从有界线的父母身上学习界线。

孩子反映出你如何为人父母

我们并不是要忽视"韦恩有问题"这个事实，也不是要忽视"韦恩需要处理这些问题"这件事。但这里有另外一个原则：你需要把孩子的行为解释为对你行为的反应。因为我们通常看一个人的行为是根据"他的"而不是"我们的"动机、需要、个性和环境来看，所以需要把焦点转移。

拿韦恩做例子。我这个朋友既不尊重父母、不回应权威，也不受控制。别人可能试图从许多方面来了解韦恩的行为，认为他是个冲动、以自我为中心，或是不成熟的人。这些看法可能都对，但都没有说到他的父母。其实韦恩是以他父母的有关作风来做回应，以父母所能容忍的最高限度来行事。他知道妈妈软弱也害怕冲突，所以吃定了妈妈的弱点，为所欲为；他知道爸爸会大吼大叫，所以他做他想做的事，直到爸爸大发脾气为止。他也知道即使是到那个关头，还是可以从爸爸专有的"敕令"下开溜，到别的地方去继续他的不端行为，因为他爸爸多半不会追究结果，宁可回去看他的报纸，认为已经"收拾"过孩子。

一般而言，孩子不知道自己在做什么，他们并不知道如何过"对"的日子，所以他们有父母来爱他们、给他们定规矩，并引导他们迈向成熟。就像需要训练宠物听话一样，孩子也需要外来的帮助。基本上，孩子只能成熟到父母给他定的程度，不会超过。父母在"自己能负责任"，以及"教导孩子负责任"上的限制，影响到孩子如何学习负责任。孩子本身无法让自己成长，他们只会回应和顺应父母的教导。

孩子对世界运作的方式最早也最基本的心理画面，是从家里学来的。家庭是他们形成现实、爱心、责任、选择和自主观念的地方。因此父母以表现美好品质的方法来和孩子建立关系，他就会成功地过渡到外在的世界；但你若保护孩子让他免受不负责任之苦，就是为他的成年生涯设下许多的困境。

在面对孩子的问题时，父母最需要扪心自问的不是"他为什么常常这样做"，而是"在制造这个问题上，我的那一份责任是什么"。这样问可能会让你很痛苦，因为它要求你看自己眼中的梁木，而不是看孩子眼中的刺。

然而从这种角度着手的好处在于，这会使你从想要控制孩子的徒劳无功中出来，进入你可以在孩子面前掌控立场的可能状态。

要做个培养孩子有界线而自己也有界线的父母，必须接受一个事实：光读这本书是不够的，还需要加上自己的努力，找出自己的弱点并加以改正，获取有用的资讯和他人的协助。

如果你还没有读过《过犹不及》那本书，建议你买一本来读。你可以从其他人的成长中，学习如何修复及培养界线。

三个影响渠道

以下有三个方式可以影响孩子培养界线。

教导

你能教导孩子绑鞋带、骑脚踏车、清理房间的技巧；可以送他们上学校去学习无数的知识和技术；同样也可以教导他们有能力接受规范以及适时地说出"不"的界线。

界线的观念和原则既明确又清楚，不是模糊、神秘的想法，而是建立在现实、情理的法则，以及日常生活上。因此，你可以直接教导界线，孩子也可以学会界线。你可以帮助孩子用话语说出感受，并把你的教导应用到新的情境上，等他们逐渐长大，再一步步将这些教导加以澄清和修正。

例如，不要害怕跟孩子用到"界线"这个词，这是个很有用的词。当女儿旁若无人地尖叫表示生你的气，怎么样也不肯停时，你就等她安静下来，然后说："吉尔，我们家有条界线，就是不准尖叫。你可以生气，可以来告诉我你在生什么气，但是尖叫让人讨厌。如果哪天你不能遵守'不尖叫'这个界线，后果就是那天放学以后不准玩。"

除了实际的应用之外，你可以再进一步教导孩子界线的原则。年幼的孩子可以学习下面这句话——"你要为自己的行为负责"——意思是，他们必须接受像清理房间、努力得到好成绩、表现合宜的餐桌礼仪，以及控制脾气等事情，不可以把没有做好的事怪到别人身上。像这样的界线观念很快就可以成为家庭日常生活的一部分，孩子也会看到它在其他方面的应用。如有个四岁的小男孩跟他妹妹说："不要拿那个玩具，那是我的'界线'。"

下面列了一些概括性的指导原则，可以帮助你了解如何将不同的界线应用在不同年龄层的孩子身上。

出生到十二个月。 在婴孩第一年的生命阶段，是与父母亲相联系、建立基本信任的阶段，因此这个年龄的界线应当是很少的。婴儿没有足够的爱心或内在的架构来忍受许多挫折，在这个学习阶段，母亲需要保护、养育，并满足婴儿舒服和被爱的需要。

一岁到三岁。 在这个年龄层的孩子能够学习对"不"这个字做回应，也能够了解他们不听话会有什么后果。这可以应用到危险的情况、乱发脾气、暴力行为等等。他们可能无法了解你所持的理由，但可以逐渐了解：听从你的"不可以"会带来好结果，忽视你的"不可以"会带来不愉快的后果。

四岁到五岁。 在这个阶段，孩子可以更多了解为什么要负责任，不负责任会有什么后果。你也可以和他们一起谈论。学习如何善待朋友、回应权威、有礼貌地表达不同的意见、做家务事等等——都是这个阶段可以定的界线。至于像"暂停""没收玩具""不准看电视"或"不可以参与有趣的活动"等等，在这个阶段都是很有效的"后果"。

六岁到十一岁。 这个阶段牵涉更多要努力的事情，除了家庭之外他们逐渐投注更多时间到外面的世界，如学校、活动、朋友等。界线的问题将围绕待在家里和去找同学玩两者时间上的平衡，还有家庭作业、学校的课业、目标的决定、时间和金钱的预算等事务。可以采用的后果包括约束他与朋友的关系、自由活动的时间以及在家里所享有的权利。

十二岁到十八岁。青少年时期是进入成年的最后阶段，牵涉的事务包括：对自我的认同有别于父母对他的认同、职业的倾向、性的成熟、对爱情的选择以及价值观等等。这也是应当开始"不以父母自居"的阶段——从"控制"转为"感化"孩子。孩子到了青少年阶段，要在人际关系、价值观、时间安排、长远目标等这些问题上帮助他们，尽可能让他们知道这些事没有做好的后果是什么（例如，会没有零用钱，或是失去学校奖学金的支持）。

在这个阶段要记住一件事：行为像三岁小孩的青少年，得不到成熟的青少年所能拥有的自由。是否能得到自由，在于他能否把该负的责任处理得很好。"自由"不是随着年龄的增加而自动传下来的礼物。

做榜样

做榜样有别于教导。孩子观察你的言行，并从你如何在自己的世界运用"界线"来学习。他们观察你如何对待他们、对待配偶和对待你的工作，然后不管好坏，照单全收地模仿你，因为他们不但景仰那些更年长、更有能力的个人，也想要像他们一样。当他们套上爸爸的拖鞋，或是擦上妈妈的口红，玩起扮大人的游戏时，就是想要看看自己像不像大人。在这一点上，他们"领悟"你的界线，胜于"受教"于你的界线。

榜样不只是在你"扮演父母角色"时才需要表现出来，它是随时存在的，它出现在你被孩子看到或听到的任何时刻。很多时候，做母亲的发现孩子在做她做过的事，而不是在做她所教过"对"的事情，因而感到惊慌。她虽然会对孩子所做的事大惊小怪，但自己心里也有数——在这个游戏里面，通常孩子比她还早看穿，所做出来的才是母亲（或父亲）所持的信念。

在这一点上，一般行为的家规是很好的说明。许多有关权利和责任的规定，如上床时间、看电视的时间等等，孩子和大人不需要一样，但是有些规矩应该适用于家里所有的成员，例如"别人讲话时不许插嘴"这一类。许多做父母的人总觉得他们需要讲的话，比孩子凌乱地讲述学校发生的事来得重要。

然而，如果家里面的每个人都可以用共同的规矩来面对他人，孩子就会看到尊重他人的榜样。当小杰里米说："妈咪，你在插嘴！"而做妈妈的也没有护着自己，诚心地回应说："儿子，对不起，你说得对！"这时，孩子就学习到对大人所定的家规和事情，要带着尊重、自主、歉意以及回应的态度。

这些不只是身为成人美好、健康和成熟的表现，也是真实生活的典范，孩子都非常渴望找到一些可以长久依循的标准。那就是为什么如果做妈妈的辩白说："杰里米，你不了解，因为那是非常、非常重要的话，所以我非那么说不可。"杰里米则很有可能在遇到别人质问他时，对自己的行为加以辩护和自圆其说。孩子主要的需要是归属感，胜于顺应父母的需要做个乖孩子。若是顺从家规可以帮助他有归属感，就要他顺从；如果反抗家规会让他更留心家里的规矩和更有归属感，那就让他反抗也没有关系，关键在于你的榜样。

帮助孩子将界线化为己有

"内化"某些事就是使它成为你的一部分。它不只是学习一件事情，也有别于看到一个事件真的发生，而是使那个事实成为实际的经验。我们可以从"理性和经验"这两种方法来"知道"某些事。例如你可以记住"爱情"的定义，但是在理智上"知道"是一回事，"谈恋爱"又是另一回事了，它乃是一个"经验性"的认知。

这种不同可能令你沮丧，但你如果接受这个事实，在为人父母时就会成功。如果你的界线训练只是"话语"的组成，就是在浪费力气；但你如果对孩子"运用"界线，他就会把这些经验化为己有，记住它们、消化它们，使之成为如何看待现实的一部分。

我和妻子芭比最近开始和七岁的儿子里基，以及五岁的儿子本尼讨论有关用钱方面的责任。我们每个礼拜按照他们所做的一些家务事，给他们少量的零用钱。他们把部分的收入拿去奉献，部分存起来，部分拿去花用。当这个过程开始的时候，两个男孩认为钱是从树上长出来的，他们喜欢钱，但是没有管钱的责任感。对他们而言，有钱是很棒的事，他们总是希望有更多的钱。芭比和我教过他们好几次，要他们把钱存下来去买真正想要的东西，不要一下子就花光了。但是他们把这些话当耳边风，左耳进右耳出，到了想要买某件东西时，发现自己已经"破产"。这不是他们的错，他们只是没有经验。

有一天，两个男孩把所有可花的钱用来买他们想要的玩具，两天后，他们看到长久以来就很想要的漫画书在廉价出售，就回家翻钱袋找钱，可惜小钱袋并没有在一夜之间填满。于是他们来找爸妈求援，我们说："不赠送也不贷款，只能按平常每周的比例赚取零用钱。"他们问可不可以做额外的家务事，我们说不可以。

于是他们就哭了。我们同情他们失去了捡特价书的机会，但是他们的钱袋仍是空的。几个小时之后，本尼说："我要等很久、很久、很久才会有下次机会。"他的确等了很久，他们都等了很久。到下一个发零用钱的日子时，他们把钱储存起来，谈论需要存多少钱，以及可以花多少钱。他们开始内化了这个事实——如果现在就花钱，以后就会没有钱可以用。

不是几番训诫和唠叨就能达到这种结果。父母有界线的经验，才能培养孩子的界线，就好像一棵橡树，孩子碰撞了几次以后，发现这棵树比他强壮，下次就会绕道而行。

教导界线的障碍

俗话说："进厨房就不要怕热。"为人父母所要受的"热气"，有一部分来自需要宽容及忍受孩子对你给他界线的怨恨。在这里你和孩子各有不同的工作：孩子的工作就是测试你的决心，最后学会了"现实"的功课；你的工作就是要经得起考验，包括忍受他的怒气、闹别扭、发脾气以及其他种种。如果不好好教养孩子而让孩子任意妄为，并不管教指正孩子在态度或行为上的错误，那么孩子长大之后，就会成为一个以自我为中心、不守信用的人。

教导界线是件困难的事！大部分的父母都在挣扎着"持守界线"和"训练孩子培养界线"。下面是一些你需要留意的障碍。

依赖孩子

十三岁的贝弗莉向她妈妈萨曼莎哭诉："为什么我不能去玛

德琳家过夜？"萨曼莎踌躇地说："甜心，要知道你这个礼拜已经出去过两晚了，明天还要上学，你还会看到她的啊！"

"你就是不要我有朋友！我从来没有得到过任何想要的东西！从来没有！从来没有！"贝弗莉跺着脚大喊，冲出厨房上楼回到她的房间。

那时候萨曼莎又开始了她和女儿之间共舞了多年的"老舞步"。

萨曼莎既希望也需要贝弗莉快乐、跟妈妈亲近，因为她们之间的关系是她支持的重心，要忍受女儿与她保持距离是太痛苦的事。因此，她站在紧闭的卧房门外说："也许我太严厉了一点，我知道你这个礼拜很不好过，我想，多一个晚上出去过夜也没什么大碍吧！"

卧室的门立刻大开，贝弗莉搂着萨曼莎大叫："妈，你是世界上最棒的母亲！"萨曼莎又一次重建与女儿的关系，却不知道她是在加重贝弗莉成长的困难。

对年幼的孩子而言，你对他的"爱"是他最大的成长要素。身为孩子最大的资源，你提供他赖以为生的亲密、挚爱和养育。然而这种亲密关系却会与父母对孩子的需要混淆，造成你对孩子所谓的"依赖"，也颠倒了应有的亲子关系。

大部分的人都强烈地渴望有个"家"，我们想要有一个归属的地方，在那里受人欢迎、被人了解。我们生来就有了那样的渴望和需要，孤独的人需要有家。我们长大以后，都会想要找寻配偶，建立一个居所，这是很好也是必需的过程，因为"家"满足我们许多方面的需要。

然而，当父母需要拿孩子的亲近和感情来满足自己得不到的需求时，问题就产生了。孩子不知不觉地习惯带给父母温暖、亲情和关爱时，会使他太早在生活中担起父母的角色。例如，我有个出生在大家庭的客户，有一次他问母亲为什么生这么多孩子，她回答说："因为我绝对不要再像孩提时代那样孤单。"

孩子会很高兴和妈妈或爸爸一起扮演父母的角色，不是由于他想要，而是随着关系发展他被推上那个位置。如果镇定、抚慰、照顾父亲情感上的需要，能使他们彼此相联系，孩子就会承担那个角色。

这种情况不仅导致孩子将来生活上的问题——例如，成为看护人、变得消沉、爱强制别人等，父母对孩子的依赖也会导致妥协，以致不能对孩子设下适当的限制。当你需要某人的爱时，就会很难当面质问他或不准他得到想要的东西，因为你怕他退缩、生气，或有愧疚感，又怕冒失去这种爱的危险。结果呢？孩子不仅得不到适当的管教，反倒学会了"把爱收走，就可以得到想要的"这种能力。双方都没有留意到，孩子是用情感在威胁父母，而父母为了避免亲子关系的中断，也尽量在维持他们之间每件事情的愉快。

请你问自己一个严肃、实在的问题：我是否害怕一旦跟孩子说"不"，就会失去我需要从他那里得到的爱？如果你回答"是"，请开始从别的地方去取得你对关系的需求。人不能孤立、离群索居，需要与他人的社交关系。然而，孩子在成长路上已有够多的艰难担子要背了，不要再把你的担子加到他们身上，你需要找朋友，找到自己的生活圈。

太过认同孩子

特洛伊和妻子凯瑟琳都很兴奋，他们已经好长一阵子没有真的好好来个"没有三岁加文"的约会了！他们计划出去吃晚餐和听音乐会。当保姆来敲门的时候，加文害羞地和她打招呼，但他看见爸妈穿上外套，就开始号啕大哭，而且抱着妈妈的大腿不放。"走吧！凯瑟琳，"特洛伊拉着她的手臂说，"他会没事的。"但凯瑟琳觉得瘫软无力，当她看到孩子眼泪汪汪时，深深感受到加文现在一定觉得被人抛弃，孤孤单单一人。她感觉得到孩子的痛苦和烦恼，看到他是多么无助。她知道自己必须做好选择，所以她恳求特洛伊说："亲爱的，我们能另外找个时间吗？他会既难过又害怕。"先生叹口气，把外套脱掉，约会之夜又一次泡汤了。

通常，父母无法延缓满足孩子所需，是因为他们过度认同孩子的感觉。做父母的是需要体会孩子的痛苦、害怕和孤单感，因为这样做，孩子的内心才会满足，才会觉得被人认同、被人了解，也才学得会如何处理情绪和表达情感。然而，有些父母把自己痛苦的感觉和孩子的感觉相混淆，认为孩子比他真正的情形还糟，他们把自己的问题投射在孩子身上，以为幼儿的不愉快似乎是母亲带给他的创伤；青少年的焦虑似乎是父亲的惊慌引起的。

其实，这些往往是父母自己的问题尚未解决所引发的症状。例如，凯瑟琳曾经在情感上受到自己父母的遗弃，当她不够完美的时候，他们就撤回对她的爱，和她保持距离，并且好长一段时间不跟她说话。凯瑟琳长大结婚以后，只要特洛伊回家晚了，或是出差去了，她就很不安，也没有安全感，觉得没有人保护她，自己孤单一人。她想要排除这些意念，但这些感觉一直挥之不去。孩提时代的被抛弃感，常常在她的婚姻生活里浮现出来。

当加文抗议凯瑟琳的离去时，她在加文身上"读到"自己的感觉。他的哭号刺痛她的心，一路砍进她自己的破碎情感里。然而，不同的是，加文从未被遗弃过，凯瑟琳的用心和持续的关爱，使她儿子成为非常受宠的孩子，他的眼泪不是出自不被爱的伤痛，而是正常的三岁小孩需要学会处理妈妈不在身边时的伤心而已。

如果你发现自己无法承受孩子的痛苦，可能是在将自己的痛苦投射到他身上。你要回想一下过往那些可能尚未得到解决的问题，找一位有智慧的人来检视这些问题。你需要这样做，你的孩子也需要一个能够区分"伤心"和"伤害"的父母。

认为"爱"和"相异"是对敌

当十二岁的罗恩带着一张全是低分的成绩单回家时，苏茜告诉基思说："是罗恩需要承担后果的时候了！罗恩智商很高，但是老师说他在班上表现很凶。你和我需要和他谈谈不准再打电话、晚上不可以出去、不可以看电视，或采取任何可以弥补这件事的方法！""亲爱的！我知道成绩是个问题，"基思回话说，"但是罗恩需要知道我们爱他，如果我们按照你讲的那样对他，他就会认为我们不关心他，我们可能就会把他给推到帮派去了。我们只需要和他坐下来讲讲理，我保证他会回头的！"

你可以想象得到，过了很久罗恩仍未"回头"——直到他四年后从职业学校辍学去当兵为止。军队的纪律的确帮助罗恩成长，但他已经丧失了许多时间和机会！基思犯了一个普遍的错误，那就是认为"给儿子纪律""与儿子看法不同"以及"失去爱"是同一回事，他不想做任何事来伤害他和儿子之间的情谊。

许多父母都误解了，他们害怕和孩子之间意见不合、当面质问，甚至认为只是不一样就等于"破坏亲子关系"，所以他们继续睁一只眼闭一只眼，什么评语也不敢在孩子面前说，直到事情真的弄糟了才恍然大悟。实际的情形是："爱"和"相异"是可以并行的，不是对敌。事实上，你能够与某人意见相异的程度，就是你能真正爱他的程度。

如果你从未和所爱的人有过不同的意见，你们之间一定很有问题。有些人很怕在别人面前表现真正的自己。你如果不能接纳与你意见相左的人，就不是真正爱他。但这不是说，爱就是要失去你自己，而是使你更有自由、更有能力来做自己。

基思对罗恩所能做的最有爱心的事，就是和罗恩坐下来，清楚地向他说明他所做的选择会令他付出多少代价，让他可以开始迈向成熟。基思应该让儿子看到，他们是想法相异的两个人，他不同意儿子这样虚掷光阴，但同时也让罗恩看到，他是这样地关心儿子，希望罗恩得到最好的一切。

当你继续对孩子设立界线，他们就会真的感觉到更有安全感、更加被爱，而不是更少。他们知道你尊重他在某种范围内自己选择道路，也知道你会指导他并和他一起培养这种自主能力。

若你在告诉孩子实话时觉得爱心不见了，在亲近孩子的时候觉得说不出实话来，你就应该努力学习在生命中有关系的人面前，做个正直、诚实的人。这样的话，好人会更加亲近你和更爱你，那些不好的人很有可能就会走开不听你的。但要记住，"爱"和"真理"是朋友，真理和爱是永恒不变的。

忽视和爆发

卡萝尔自认"耐心"是她的美德之一，她能够平息别人的问题，懂得从大处着眼，耐心地等候改变和结果。然而，这个美德经常在她教养五岁大的女儿特丝上受到考验。特丝天生就是个性很强的女孩，在商店里，她会大声地重复要求买玩具和冰激凌。卡萝尔认为不去理会她的行为，她就会自动停止。但事实不然，每到下一次她们出去买东西，特丝都会用更大的声音要求，更令人尴尬。

终于，有一天，卡萝尔有个朋友正好同时和她们在店里买东西，她对卡萝尔说："我的天，你女儿真是无所不用其极！"

卡萝尔觉得很受屈辱。她们坐进车子里的时候，特丝又要饼干吃。卡萝尔申斥她女儿说："小姐！你逼我太甚了！你一直逼我、逼我，我对你在店里的行为已经受够了！回家以后，你给我立刻回房间去，等爸爸回来看他怎么修理你！"卡萝尔原有的耐性全部消失，特丝在她的大吼大叫声中给吓坏了，一路哭着回家，卡萝尔觉得又内疚又无力。

卡萝尔不知道她对特丝采取了我们称之为"忽视和爆发"的做法，她用不适当的容忍，希望特丝的行为会自动消失，没想到她反而变本加厉。而同时，卡萝尔的愤怒也在高涨，最后，她一直忍着不说的事实，就在一次大发雷霆中爆发出来，使特丝觉得受伤、受惊吓。这种"不一致"颇为常见，根源于认定"坏事会自行解决"的信念。可惜，世界不是这么运转的，你不会用这种方式来处理身上的发炎症状，也不会这样来看待屋顶上的破洞。一般而言，如果问题一直不处理，情形只会更糟而不是更好。

孩子也是一样。他们没有内在的刹车器来阻止他们过分的要求和不适当的行为，因为"愚昧迷住了孩童的心"。他们需要父母给出外在的界线、指正、限制，并执行后期解决方案，直到外在的界线成为内在的约束为止。这就是为什么打从一开始，即用一致的做法面对有问题的行为是那么重要。

"忽视和爆发"的做法，会教导孩子该坚持任何想要的东西，让他学会十次里面有九次可以达到目的，只需要学习如何忍受唯一那次父母的失控即可。这可是极佳的胜算，你若知道哪只股票有百分之九十的成功机会，肯定会急着去投资。所以若要避免教导孩子这种功课，就得早早做个面对者，这样做会帮助你的孩子准备好过合乎现实的生活，让他知道再努力尝试也不可能每件事都顺他的意。

消耗精力

当我们软弱下来，准备放弃对孩子的坚持时，他们马上能感觉得出来这是多么可怕的事。很多时候做父母的都会同意，聪明的青少年会用几个小时的时间向你乞讨、恳求、争执，强词夺理地要求推脱一些责任。我有一对朋友说他们的儿子经常花四十五分钟的时间，争论只消花十分钟即可做完的像倒垃圾之类的事情。只为了不要做那件事，他不在乎损耗多少时间。

孩子一直不停地对我们"做工作"，他们不轻易放弃。你愈晚开始认真执行界线训练，他们就愈有精力来抗拒这些界线，因为长久以来他们一直扮演"上帝"的角色，当然不愿意放弃。我们很同情那些心里这样想的父母："好吧，我这次放弃，就给他钱吧，不值得为这种事情争吵！"某些时候的确如此，但每次你让他们忽视责任，就会愈加腐蚀孩子的自制能力。

如果你注意到孩子在消耗你的精力，可能意味着两件事：

第一，你可能处在失落的状态，要不因为你孤立无援，要不就是你缺乏给自己的时间。在空虚状态下的人是无法持守界线的，因此，你要进入正常的、能帮助你的关系中，或安排一些时间给自己充电。要记住，为人父母是个暂时的工作，不是一个永久的身份。和有活力的父母生活在一起的孩子，都已学会他们不是宇宙的中心，但可以自由地追求自己的梦想。

第二，你可能觉得只能训练孩子到这一步，想要放弃了。

有位好朋友告诉我："为父母之计在于，当孩子持续要求时，你要比他再多一次把持你的界线。"这就是你所需要的——再多坚持一次。你需要那种会帮助你坚持几千次的拉拉队朋友。好消息是，当你这样做的时候，孩子会明白爸爸或妈妈这回是当真的，他就会开始缩小努力的范围。

请记住，你无法训练孩子你所没有的东西，不要只对孩子"说出"界线，而是要"做出"界线。如果你还没有开始这样做，赶快先从自己开始定界线，这会让你和孩子都获得好结果。

我们希望现在你有动力也受到鼓励，知道训练孩子界线的重要性，自己也愿意做个有界线的父母。下一编你会了解界线的十个法则，这些指导原则会帮助你把跟孩子定的界线应用到家庭生活的许多层面，你要以此为工具跟孩子一起在生活上运用界线，并教导他们负责任。

1．"问题儿童"不是凭空出现的，每个问题儿童一般都是在有问题的生活环境中培养出来的；

2．帮助孩子用话语说出感受，并把你的教导应用到新的情境上，等他们逐渐长大，再一步步将这些教导加以澄清和修正；

3．孩子观察你如何对待他们，对待你的工作，然后不管好坏，照单全收地模仿你；

4．不要害怕一旦跟孩子说"不"，就会失去你需要从他那里得到的爱；

5．当孩子持续要求时，你要比他再多一次把持你的界线。

第二编
孩子需要知道的界线十律

第四章　因果律：这样做会有什么结果

　　萨利为全家人做了个大计划，现在他们正要动身去迪士尼乐园玩，她满脑子想着每个人一定都会玩得很愉快。由于预定中午出发，早餐的时候她就开始想，每个人在出发之前需要做些什么事。她要儿子贾森做些他经常推托不做的庭院工作——因为那天他们必须把耙子和一些用品还给朋友。

　　萨利告诉贾森，他在他们出发之前"必须"做完这件事，她也跟贾森强调这件事为什么"绝对"要在中午十一点半之前完成，所以她要他赶快开始去做。一个小时之后，贾森还没有开始，她就再次提醒他，三十分钟之后又重复提醒他。

　　然后，她忙着去做其他的事情，十一点半走进屋里的时候，竟然发现贾森在看电视。

　　"你在干什么？"萨利尖叫起来，"我告诉你在出发之前要把院子弄好，现在我们把时间拖晚了！我简直不能相信你会对我们做这种事！"

　　她继续气愤地发牢骚，直到她自己、爸爸、妹妹和贾森合力把庭院工作做完为止。他们总算可以在下午一点十分出发。去迪士尼的路上，车内的气氛不再和谐，充满了对贾森无言的蔑视，那天的其余时间也受到影响。

就在同一条街上，也发生过类似的情节，但结局不一样。

苏珊计划下午带三个女儿去逛街，她指示她们所有关于离家之前需要完成的事，并告诉她们下午一点钟要出发，没有把事情做完的就不能出门。

在离家之前十五分钟，她发现老二珍还没有做完她该做的事。"看来你是不打算出门了，"苏珊跟珍说，"很可惜，我们只好少了你啰！"

珍大叫："你不能这样对我，这不公平！"

"我想我很清楚地说了逛街之前需要做的事，我真的很遗憾你选择不把这些事做完。再见啰！顺便说一声，我真的没有时间去想如果吃晚饭以前，你还没有把事情做完会有什么后果，但是我们可能不必操这个心就是了！希望你会选择避免另一个处罚。我们会想念你的！拜拜！"

苏珊和她另外两个女儿有个很愉快的下午。

教导现实的原则

父母如果无法在"心理上的负面结果"以及"现实的结果"之间做区别，就会惹来很大的麻烦。生活是照"现实的结果"复印过的。心理上的负面结果，如愈来愈生气、让对方内疚、唠叨、撤回关爱等等，通常不会激发人去改变。如果会产生效果的话，那种改变也只是昙花一现，徒增那人的心理压力而已。当一个人的行为导致他必须面对现实的结果，如痛苦，损失时间、金钱、财物、喜爱的东西、看重的人时，他才会有真正的改变。

萨利给贾森的后果	苏珊给珍的后果
⊙整个早上唠叨不停，所以贾森不必看时间。	⊙没有一直唠叨不停，她假设珍只要愿意，就会自己看时间。
⊙尖叫和生气的表现，使"拖延"这个真正的问题被忽略，萨利反倒变成贾森的问题。例如，贾森本来的"我拖晚了，处在失去某些事物的危险当中"这个问题，反而变成"我有个发狂的母亲"这个问题。	⊙没有那些情绪化的反应，以至于拖延成为珍的问题。
⊙对孩子的行为采取受害者的姿态——"我们要迟到了"，然后"看你做的"——这等于教给孩子他可以控制一家人的生活和情绪这个观念。	⊙不做孩子行为的受害人，她掌控自己的生活，不让珍的行为左右家人的计划或心情。
⊙在孩子心中搅动所有错误的情绪（内疚、愤恨和生气），而不是那个唯一能帮助他改变的情绪——难过。	⊙没有在珍心里搅动情绪化的反应，让她自由地去体会自己的损失。
⊙最糟的，孩子并没有为他的行为付出任何代价，除了母亲的伤心和他长久以来已经变成"聋子"之外。	⊙确定孩子的行为会使她付出失去所看重之事物的代价。

在上述的情境下，萨利和苏珊基本上是面对同样的情况，却以相反的方法回应。萨利采用心理上的负面结果来处理事情，而让贾森避掉了现实的结果。苏珊则避开了心理上的结果，采用了现实的结果。

简言之，苏珊是在让珍经历"因果律"（或可称为"种与收"的法则）。珍种了"不负责任"的因，就收了这样的果：失去了她所看重的某些事物。真实的世界不就是这样运作的吗？对这个法则的了解，不正是她长大成人时所需要的吗？

而当我们承认要为错误付出代价时，不正是从中学习教训吗？实实在在的损失促使我们改变行为。

因果律是我们每日所依赖的正面或负面的法则。根据正面的法则，我们靠它可以实现这些好事：

◇如果努力工作，就可以在事业上更上一层楼。

◇如果打了足够多的电话，就可以把一些东西推销出去。

◇如果花时间和所关心的人坦诚相交，人际关系就会更有进步。

根据负面的法则，我们会碰到这些坏事：

◇如果吃每样想吃的东西，就会变胖，或产生心脏疾病。

◇如果对所关心的人大吼大叫，就会伤害他们，导致彼此的疏离。

◇如果在职业上不逼自己上进，就会停滞在始终无法满足的层次。

◇如果不留心自己的开销，就会债务缠身，失去自由。

正面的"因果律"给我们适度的能力感和对生活的掌控力。我们将才干和生命投资在好的方面，他人的生活经验都教导我们，努力、勤奋和负责任必有好结果。

负面的"因果律"让我们对坏事有本能的惧怕感，会健康地重视后果，并让我们继续生活在现实里，行事也朝好的方向。例如人际关系上失败的后果，使我们学会用建立良好关系的方式来爱人。

但是我们若从来没有学过因果律，就会失去正负两方面的生活经验，不但没有动力去把事情做好并做个勤奋的人，同时也不会害怕偷懒、不负责任及其他品德问题。事实上，这两种情况都会带来痛苦：失去现实中美好的事物以及需要去面对坏的事物。

想想看贾森学到了什么？——你不必做你那一份，因为每个人都会替你做。你没有表现好时，也不会有坏事降临到你身上，你推卸责任，还是可以去迪士尼乐园玩，所以半点损失也没有！当然，别人会吼你，但只要你调整波长，让它变得听不见，吼叫就不是问题。以后对上司和配偶都可以来这一套！

是谁觉得可惜

让孩子承担后果，会使"父母替孩子负责任"转变成"孩子为自己负责任"，使"这是父母的问题"转变成"这是孩子的问题"。

有一天我到朋友家里做客，我请他们九岁的儿子一起到户外篮球架下去投篮。"不行，我必须待在家里。"他说。

"为什么？"

"我妈在打电话时，我一直烦她，所以她不准我出去！好可惜我不能去！"

"好可惜我不能去！"——这是个教导孩子承担后果的功课，我的行为变成"我的"问题。太多时候，孩子的行为没有变成他们的问题，这些行为没有让他们为所看重的事付出什么代价。

反倒父母让那个问题成为他们自己的问题，而不是孩子的问题。请记住，孩子需要为自己必须承担的后果而担心，并且自己去解决那个问题。父母的角色是帮助孩子乐意这么做，而"承担后果"就提供了这种"解决他自己行为问题"的动力。

珍学到她的拖延是她的问题，不是母亲的问题。你可以打赌，下一次当母亲再跟她说，如果她不在特定的时间内完成工作的话，就会失去某些东西，她一定会注意看时间的。但是贾森还没有学会他的行为是"他的"问题，他认为那是母亲的问题，是母亲需要担心、紧张和努力的。而他呢，没有损失，还是可以出去玩！

做父母的你，在某些情况下想到该怎么做的时候，请记起下面这几个问题：

（1）这是谁的问题？

（2）我怎么帮助他来意识到这个问题？

（3）我做了什么事让他意识不到这是他的问题？

年龄和内容会改，但法则依旧

因果律会教导孩子生活中最基本的功课："节制"。

他们可以从中学会"我在掌管自己的生活品质"。他们知道可以做选择：或是可怜兮兮地待在家里，或是到外面玩得很开心。选择做你该做的事就可以玩，选择不做就要付出代价，两者都是你——不是你的父母在管理你的生活。

孩子在幼儿时期，你告诉他的内容可能是："不要动那个东西，要不然你就得罚站！"学童时期你讲的话可能是："骑脚踏车不准超过那个转角，否则不准再骑！"青少年时期你说的话可能是："不要拿到超速罚单，否则不准再用车！"

当然，他们做正确的选择时，就会获得相反的结果："因为你没有违反规定，你要在那里玩多久都可以"；"因为你没有越过街角，也那么小心地在骑车，我们可以让你再骑远一点"；"你的驾驶记录这么好，我现在很愿意和你谈论让你开车去圣地亚哥听音乐会的事"。

特定的内容可以依据孩子（将来是成人）当时的处境加以改变。例如，小的时候你告诉他，如果他不把吃的东西丢到地上，就可以坐在餐桌前吃饭；长大以后你告诉他，如果他能卖掉分给他的那一份配额，将来就可以负责整个区域。内容会不一样，但法则依旧：如果做了好的选择，生活会好过做坏的选择。

这个法则的公式是：给孩子自由，容许他做选择，然后按照那个选择去处理后果。当孩子好好负起责任时，要不停地给予赞美，增加他自主的机会，确定他知道他之所以能得到更多的权利，是因为他值得信赖。

当孩子做了坏的选择，要对他的损失给予同情，避免落井下石地说："我早就告诉过你！"表达同情的用语如下：

◇ "可惜你今天不能玩！"
◇ "我了解，我很体谅你错过那场比赛的心情。不能做某些想做的事，我也会很懊恼。"
◇ "我猜你一定饿了。我也很不愿意少吃一餐饭！"

你把上面的说辞和下面的说辞做个比较：

◇ "不要哭着来找我。如果你做好了自己的事，就不会搞得一团糟。"

◇ "不必跟我说'不公平！'这种话，这是你自食
　其果！"

◇ "好吧，如果你做了该做的事又守规矩的话，就可以
　和我们一起吃饭，但下一次你不要这么自私，害大家
　要跟着晚吃饭。"

孩子很容易对讲这种话的人生发怒气，然后把注意力转向使他难过的父母，而不是改正使他陷入这种困境的行为。但是，我们也不要过分同情那个做了错误选择的孩子，同情只是为了架设他能够与你沟通的桥梁，不要让这件事形成你们之间的新隔阂。

在自主、选择和结果之间取得平衡

你的目标不是要控制孩子，让他们做你要他们做的事，而是给他们选择去做想做的事，并且让他们知道做错事是非常痛苦的，使他们不想去做错事。谁愿意整天被罚站呢？你这种做法无济于事，你要让他们选择，但也要让因果律落实。如果他们种了不负责任的因，就会收到痛苦的果；种了"负责任行为"的因，不但会收到好结果，也会令他们想要继续选择那条路。

乔伊想要实现互不相容的两件事：

（1）他想要照他的方法行事。

（2）他想要事情对他有利。

乔伊的母亲也想要实现两件事：

（1）她想要事情对乔伊有益。

（2）她想要乔伊做对的事情。

妈妈知道若要乔伊长大成人后有责任心，使乔伊未来生活

顺利，就需要做一些事，也要控制节奏，实施权利、自由、奖赏和处罚的分配。她只要记住，只要确定乔伊不会同时得到他想要的，就算做得很成功了。乔伊可以两者取其一，但不能兼得。

如果他选择照他的方式行事，那么那件事很有可能对他不利；如果事情对他有利，常常是因为他做了很好的选择。父母要掌控的是"果"。

此外，任何一个成人都不可能同时拥有"我要成功"以及"我每天都要随心所欲"这两件事。成人必须两者取其一，孩子亦然。

这里的关键在于，孩子必须在两者之间选择其一，因为那是自主的要素和自制的根源。没有"自主"和"选择"，则"自制"是不存在的。因此父母的任务就是给予孩子适量的自由和选择，并让他们处理后果。请记住下面这个基本的真理：

自主＝负责任＝承受后果＝爱

我们若在这些方面都有同等程度的表现，就是做得很好。如果教导孩子能够自由地做选择，并为行动的后果负责任，就可以培养出既有正当理由做正确事情，又有爱心的孩子。如果偏重于其中任何一点，就会失去平衡，例如，容许自由的程度多于要求负责，就会出现品格上的问题。

或者，如果某人很负责任，却没有做选择的自由，那他就会像奴隶或机器人，无法选择做有爱心的人，只会是个曲意逢迎又充满怨恨的人。或者，某人对某事有自由选择的机会，也负起责任，但不曾承担误用自由的后果，他的品格就会渐渐出问题，以致做出非常不负责任又让人不喜欢的事。

我们要让孩子有少量的自主权，让他在那样的自主权里面做选择，然后让他在这些选择里面承担后果，这样就可以培养出有爱心的果实。对大人亦然——给予自由、要求负责、承受后果，最后成为一生都充满爱心的人。

插手干预

父母很难狠得下心让孩子承受痛苦的后果，父母天然的倾向是帮助孩子摆脱困境。给你做个小测验：你曾多少次在深夜帮孩子做隔天早上要交的学校作业，而这种情形在前一晚才发生过？情况通常像这样：

"妈，我的作业需要用到胶水。"

"抱歉，亲爱的，我们家没有胶水。"

"但是作业明天就要交，没胶水不行！"

"你什么时候知道要交这个作业？"

"两个礼拜以前。"

"你为什么不早点说你需要胶水？"

"我忘了。"

"距离我们最近这么晚还没打烊的商店，开车也得很长时间才到得了，你怎么可以这样对待我？"

"妈，对不起啦！可是我非完成不可，要不然拿不到好成绩。"

"好吧！上车去！"（有时候做妈妈的会很懊恼，也很生气，但有时候她可能都不介意。）

比较一下这个对未来有眼光的母亲所做的事：

"妈，我的作业需要用到胶水。"

"抱歉，亲爱的，我们家没有胶水。"

"但是作业明天就要交，没胶水不行！"

"有哪个老师会在这种时候打电话来，给你一个作业，却没有给足够的时间让你去买必需品呢？"

"得了！妈，她是在学校给的作业。"

"什么时候？"

"两个礼拜以前。"

"哦，所以你有两个礼拜的时间，可以去买胶水和其他的用品。"

"是啦！但是我以为我们家有嘛！"

"哦，那很糟糕。我记得好像上次的作业你也是这样！好啦！我没有胶水，现在也过了我上床的时间，所以我希望你能够想出用什么别的东西来做这个作业，而不必用到胶水。晚安，甜心，我会替你加油的！"

第二位母亲面向未来，她今天可以教导孩子关于品格的功课，而且肯定对孩子的将来更有帮助。她看到儿子在实行一个很坏的模式，因为这不是他第一次到最后一分钟才来找做功课的材料。我们认为做母亲的稍微帮一下平时就会事先思考、会负责任地做计划，也准时交作业的孩子，并没有什么大碍。但第二位母亲并不是在面对像这样的孩子，她看到孩子正发展出使他未来的日子过得不顺利的性格模式：

◇拖到最后一分钟，才试图将老板要求的任务交差，然后就失去工作。

◇由于没有及时报税，或因为资料不完整，惹上税法方面的麻烦。

◇由于自己不出力，总是有靠别人替他负责任的行为，破坏了他的人际关系。

因此，她决定不去干预因果律，让这个法则自行发挥效果。这个孩子种了拖延的因，就必须付出缺乏事先计划而受惩罚的代价。那个后果所教导他的功课，远比他以后生活中所要付出的代价来得低廉。他在学校将会丧失的任何权利，远比成年之后同样行为所导致的后果，要付出的代价少得多。

如果做父母的不做中介人，这个法则是很管用的！太多时候，我们干预了这条自然律，原本可以用来给孩子一点教训的，却被大人横腰一拦。孩子常常是到后来的生活中，没有人帮他摆脱困境了，才学到这个功课。这种不负责任的坏习惯或模式，让每个在他周围的人都要跟着付出代价，而且让人觉得很厌烦。父母宁可在现在"厌倦"替孩子作保，而不要等到以后别人"厌烦"他们孩子的行为时，才不再把孩子"保释"出来，借此平息自己那种"生厌"的感觉。

要能够这样做，父母需要对"让孩子受苦"这件事放轻松些。"愁苦"这个词在希腊文的意思是"痛苦、怨恨、深沉的悲伤"——这些都不是好事。但为能得到受管教的果实，就需要经过痛苦。

做父母的经常会排斥因果律所带来的后果，因为他们过度认同孩子的痛苦。但你宁可让孩子现在吃点苦头，也不要让他以后吃苦头。痛苦是不可避免的，你要确定这些不负责任的后果，仅仅是失去一些"权利"而已，而不是失去职业或婚姻。

如果你发现自己很难让孩子承受痛苦的后果，请找人帮助你，你可能需要处理自己过去所受的伤害、自己界线的缺乏问题，或是摆脱自孩提时代即养成的依赖模式。从好的咨询师或父母支援小组得到支持，这对你在孩子面前站稳立场是不可或缺的。

在关爱与真理之间取得平衡

我们经常谈到，关爱和真理必须平衡，人才能有所成长。以后我们还会更多地谈到这一点，现在先简单说明一下。一个人之所以会成长，秘诀在于他一再地得到关爱和悟到真理。你给予一个人关爱（偏爱），加上真理（架构），然后一再这样做，就会使这个人有最大的机会成为好品格的人。

关爱包括：支持、资源、关爱、同情、饶恕以及所有与本性相关的各种层面的品格。真理是生命的结构，它告诉我们应当如何生活以及生活真正的运作方式。因果律是体会成功生活的基础。父母可以一再地告诉孩子什么事对他们最好，也可以教导孩子有关事情应当如何做、如何成功以及何谓好的生活，但要到孩子真正体验过苦果之后，这些教导和训示才不至于仅流于理论、唠叨和父母制造的噪声而已。真理要能够对孩子或任何一个人有帮助，就必须落实，而非仅止于观念。

如果妈妈告诉我做这或做那对我有好处，则需要让它成为现实我才学习得到。使之落实是妈妈的责任，然后，也唯有那个时候，真理才会真正有效果。

善用因果律

现实的后果是一张列不完的清单，唯有你的创意会穷尽。在此给你一些建议：

◇使"后果"成为犯错的自然流程。例如，如果看电影之前没有准备好，就可能去不了；如果迟迟不上桌吃饭，就可能失去晚餐；如果迟迟未做功课，就可能得到很差的成绩；如果不做家务事，就可能失去其他家人所享受的权利；如果不告诉父母要去哪里，下次可能就要待在家里。

◇ 保留"后果"给严重的违规行为。一般而言，我们所讨论过的这些后果，是针对那些有落入坏品格模式之虞的行为而说的。有时候我们都需要弹性和谅解，例如，雇主会公告请病假的政策，学校只要有正当的理由就可以请假等等。但若每件事情都有理由，那就不再是理由，而是强辩了。当讲理、警告以及约谈都失效时，就必须进到承担后果的阶段。

◇ 给予即时的后果。孩子愈小愈要给予即时的后果。对很小的幼童，坚定的"不可以"、罚坐、隔离、用力打屁股、使他脱离那个状况，都会很管用。

◇ 避免情绪化的后果，要施行现实的后果。生气、内疚、羞愧并不能教导孩子做得更好，失去看电视的权利、失去金钱或玩电脑的时间，所带来的痛苦会教导他学得更好。

◇ 只有当他们在意你的感觉时，才能使用情绪化的后果。如果女儿的行为伤害到你和其他的人，告诉她并让她知道你有什么感觉以及你打算怎么做。例如："你那样跟我说话，让我很难过。我不喜欢任何人对我那样说话，这让我觉得和你之间有隔阂。所以，当你用粗鲁或不尊重的语气对我说话时，我不会听。我不要听到那种说话方式，你愿意换种方式来跟我说话时，我会很乐意听你讲的！"

◇ 要想到"后果"可以保护你自己和其他家人，免受那个孩子的行为所带给你们的伤害。换句话说，你自己的界线就是最好的界线。"我不喜欢和一个吵架的人一起吃饭，吉米，回你的房间去，当你可以停止拌嘴时，就可以回来吃饭。不过，顺便说一声，我七点半就会收拾饭桌，之后就没有东西可吃，后头的点心只给吃过晚饭的人吃。"或者说："我们希望能把那间小屋作为家人交流的地方，我们不想在那里被你的东西绊倒，在睡觉以前，我会没收任何还留在那里的玩具，因为我们不需要一个乱七八糟的起居间，你想把玩具要回去就得付钱才行！"有位朋友的女儿对家人要她结束话题以及不要一直问问题的要求置之不理。我这位朋友对她女儿说："讲话时间结束了！"她女儿回答说："可是我还没讲完啊！"她给女儿的回答很完美，她说："我知道，苏茜，你没讲完没关系，但是我已经听完了！"自己的界线就是最好的界线。

◇尽可能保留选择。在例如"和家人一起出去"那种只能给孩子一种选择的情境下，你还是可以给他选择："你可以和我们一起出去玩，大家开开心心，或是出去玩却让大家不高兴，你要选择哪一个？还有，顺便讲一下，如果你和我们在一起却让人讨厌，我们下一次去看电影的时候，就不会让你去。"

◇在诉诸后果之前，要确定孩子没有行为失常的理由。先检查下他有没有恐惧、医疗或情绪上的问题。当孩子表现出痛苦、受伤的感觉、无力感，或某些其他的情绪状态时，可能是和一些事情有关。例如父母离婚、父母婚姻上的压力或是搬家等等，这些不寻常的事情会让孩子开始表现出激烈或退缩的行为。他的痛苦可能是受父母或其他孩子伤害而来的直接反应。孩子可以从各种不同的方面受到伤害，通常他们的行为失常是痛苦的表征，需要关怀多过给予限制。请参考谈到"同理心"的那一章内容。

◇和孩子谈话，问他为什么会行为失常。你可以在孩子表现正常的时候和他谈论这个问题："你这样做时，我希望能了解为什么你会这样做。你是不是有些话想要告诉我？你在生我的气吗？你在什么事情上受到伤害了吗？下次再有这种情形发生时，你认为我们可以有什么好的计划来处理这个问题吗？"

再谈"奖赏"和"后果"

最近，有位母亲告诉我，她请儿子做点像倒垃圾之类的小事，他的回答却是："你会给我什么？"她问我，应该给他什么奖赏好。我告诉她，去跟他说，如果他不做要他做的事，就会给他"不好过"。她奇怪地看着我，之后我们对奖赏和处罚进行了一番很有趣的讨论。

我们认为有两件事可以给予奖赏：

（1）获得新的技能。

（2）特殊的表现。

我们不认为对下列的事情要给予奖赏：

（1）做一般适合年龄要求的工作（例如生活技能）。

（2）做别人期望你去做的事（例如工作）。

像赞美、给点心、给钱、去动物园，或在冰箱上贴星星贴纸等奖赏，可能是教导新技能很有力的教师。有时候当我们花很多功夫去学习某些新事物时，需要在学习过程中得到短期奖赏的动力，孩子们喜欢在学习新东西时得到奖赏。

当某人优于一般的期望时，奖赏也是很好的东西，学校认可这类的表现，童子军、体育机构、雇主亦然。做雇主的人"对优良表现给予奖励"以及"发放不同种类的奖金"，都是激励员工的要素。

对文明的人类而言，是有一些正常的行为期望的。市民、房东、雇主、学校、朋友、配偶，都期望从与之有关的成人那里看到某种程度的表现。一旦孩子学会了过负责任的生活所必需的技能时，就不能让他再期待获得奖赏。相反地，如果他们不去做，倒是要为此付出代价。

我们奖励两岁的幼儿学会自己上厕所，但不会对能够持续这样做的成人给予奖赏。你不会因为上周准时上班而得到奖励，那是公司期望你做到的事，但若你迟到几次，可能就会被扣薪金或是受到某些处罚。

我们要小心，不要给孩子那种"唯有别人付他们钱，他们才需要有所表现"的态度。他们需要知道如果不表现就要付出代价。这会避免今天很多人都认为的"受之无愧"的态度，以为他们有权利"不做也可得"。

孩子们最好知道每个人在家里都需要做自己的那一份。如果你多做了，我们可以谈谈某些额外的奖赏，但我们期望每个人至少做好他那一份。在现实的世界里，不会有特别奖赏给仅达到最低限度表现的人，但有许多的处罚是给未能符合最低期望的人。

与现实为友

"成熟"就是不再要求生活符合我们的要求，而是开始去符合生活的要求。因果律着重在符合生活的要求，否则就要经受痛苦。当保持现状的痛苦比改变的痛苦来得大时，我们就会改变。"后果"所带来的痛苦会激发我们去改变。现实不是我们的敌人，而是朋友。用现实所要求的方法去行事就会有极大的奖赏。

成熟的人知道，"善道"就是最好的道路，懂得智慧地过日子、做对的选择、做对的事情——就能够过好的生活。

在孩子的心里面，现实是个敌人，然而，"后果"教导孩子，现实的确是他们的朋友。在行为上做必要的改变，以及符合现实的要求，意味着事情会更好。

我们知道，人最终要控制自己如何过生活。如果我们种了"符合现实要求"的因，就会收到好结果；若是种了"逃避现实"的因，最终我们就要付出代价，其结果，现实就不是朋友了。

帮你的孩子一个忙，教导他们在生命初期即和现实做朋友，它更便宜、更安全，而你的晚餐也会准时开始。

然而，要这样做，他们必须学会对正确的事负责任。我们要在下一章告诉你什么是正确的事。

◢ 看完本章，你需要记住的道理是：

1. 当孩子的行为导致他必须面对现实的结果，比如痛苦、失去金钱等时，他才会有真正的改变；

2. 给孩子自由，容许他做选择，然后按照那个选择去处理后果；

3. 你的目标不是要控制孩子，让他们做你要他们做的事，而是给他们选择去做想做的事，并且让他们知道做错事是非常痛苦的，使他们不想去做错事；

4. 父母需要对"让孩子受苦"这件事放轻松些；

5. 生气、内疚、羞愧并不能教导孩子做得更好，失去看电视的权利，失去金钱或玩电脑的时间，所带来的痛苦会教导他学得更好。

第五章 责任律：拉自己的推车

我（约翰·汤森德博士）有两个儿子里基和本尼，他们小时候就像其他人一样，手足之间常常吵架。妻子芭比和我经常要做仲裁人，替他们主持公道。她或我会坐在餐桌旁，两个儿子彼此抱怨对方的可怕行径，我们则尽可能地搜集事实，决定谁对谁错，并且建议他们如何解决问题，例如归还玩具、道歉等等。

这种仲裁制度效果很好，但我发现我们花愈来愈多的时间在做这件事。每次我坐下来看报纸或是和妻子谈话，都必须停下来做判决，两个男孩愈来愈依赖我们有瑕疵的智慧。最后，我有了个想法。

"我们要改变这种处理方法，"我告诉他们，"从现在起，除非你们已经先花时间解决两个人之间的事，否则不准来找我或是找妈妈。你们要先想办法解决问题，实在解决不了才来找我们。而且，如果来找我们解决问题的话，做错事的人可就要为后果吃点苦头啰！"

两个男孩过了一阵子才开始这样做。他们有两个动机：第一，那个既想解决问题，又不要父母给后果处分的"元凶"，总是很乐意谈判；第二，他们为"不用父母来替他们解决琐事"感到很了不起。

事实上，我还必须处理自己的"不再被依赖感"呢！有一天，我看到他们在争吵，想要帮他们一把，便走过去说："好啦！两个小家伙，怎么回事？"

本尼很不耐烦地转向我说："爸！我们正在解决问题！"

我有点失落地回到座位上去，在那个时刻我是不被需要的。

两个男孩正在学习一门很有价值的界线功课：他们要为自己和彼此的争执负责任。孩子需要知道他们的问题是"自己"的问题，不是别人的问题。他们的生活就是自己的红色小推车，而他们的工作就是拉这部小推车，别指望别人帮他拉。这样做的结果必然是孩子懂得关心自己的人际关系，而不去承担别人的问题。他们"为"自己负责任，也"对"别人负责任。在下面"关心"与"援救"那一段，我们会再详谈。

成熟的标志之一，就是为自己的生活、欲望及问题负责任。如果上班迟到，就不要抱怨高速公路塞车；想要在工作上升迁，就要再去进修课程；生气，就要去处理那些让我们生气的事情，不是等别人来了解我们的情绪。成熟的大人把自己看作是解决问题的人，不是想要责怪别人或要人家来替他解决问题。

不成熟的人老是认为自己像个受害人，一直要别人为他解决问题。成瘾的定义之一就是，自己欠的债要别人替他还。然而，正如我们被教导的，"各人必须担起自己的担子"。

"为自己负责任"不是孩子天然的本性，小婴孩在他生命中的第一年，只忙着相反的工作——依赖和索求，要从母亲那里得到关爱和安慰，并学习信任。他的生命真的在别人手中，没有适当的注意就会死去。然而，即使是那种时候，他也在学习为"自己的需要能得到满足"来负起那一份责任。他不舒服的时候，要用哭来提醒母亲有些事情不对劲；他需要伸出手来让人抱；想下来的时候要做出推开的动作。所以，人即使是在生命的初期，就已开始学习肩负起自己生命的担子。

因此，跟孩子立界线的训练，绝大部分在于帮助他们了解：他们必须逐渐为自己的问题负责。父母起初肩负的担子最后必须落在孩子身上。

这些话对许多人来说是很难接受的，尤其是那些在孩提时代情感上受过伤害的成人。他们没有得到过所需要的关心、安全感或是生活的完整架构；或者可能得到的是他不想要的暴力、疏离或是过度苛责。但他们必须自己去修补已经破坏的一切，而不是靠导致问题的那个人——这听来似乎很不公平。

在我们的一个研习会上，听众当中有人问："今天我是个什么样的人，有多少是我要负责任，有多少是环境造成的结果？"换句话说，问问题的人想要知道，他父母对待他的方式，对他有多大的影响。

我与亨利两人笑了笑，分别在纸上写出我们认为在人的一生当中，孩子和父母分别要负的责任比例。我们把两张纸对在一起看时，两个人写得一模一样：我们都认为孩子要负百分之七十的责任，父母负百分之三十的责任。

此一比例虽未刻在石碑上，但它反映我们自己的结论：即使我们都曾经在某些方面被人得罪或遭受虐待，对这些境遇的反应仍然是我们今日个性和品格的主要决定性力量，孩子成长的大部分责任要由他自己承担。

孩子需要承担什么责任

孩子所需要负起责任的生活层面，我们称之为"宝贝"，或是"极具价值的东西"。这些有关如何去爱、如何工作、如何服务的品格是宝贝的一部分，我们要保护、培养这些品格，使它们成熟，不仅在这一代成长，也在下一代继续。让我们一起来看孩子需要负起责任的宝贝是什么。

情绪

谢丽尔进退维谷、智穷力竭，因为她十一岁的儿子内森稍有挫折就大发脾气，在这样的年龄发起脾气来是很恐怖的。他会对着谢丽尔大吼大叫、跺脚、摔门，有时候还丢东西。然而谢丽尔想：他需要一个地方让这些瓶塞里的气冒出来，否则他的内心会被腐蚀殆尽。所以她让内森"表达自己"，或试着去抚慰他，帮助他平静下来。然而内森的行为却变本加厉。最后，有位朋友告诉谢丽尔："你是在训练他做个暴力狂！"她吓呆了，赶紧找心理医生给建议。

谢丽尔得到一个小诀窍，改变了她对内森暴力攻击的处理方法。她跟内森说："我知道有些事情让你生气，我也可以体谅你的挫折感。我们每个人都会遇到这种事，但是你的情绪扰乱到我和其他的家人，所以我给你一个提议：你生气的时候可以告诉我们你在生气，因为我们要你诚实面对自己的感觉，如果那是针对我们而发，我们会坐下来谈，试着解决那个问题，但你不可以吼叫、口出恶言、跺脚或丢东西。如果你再这样做，就必须到房间去，不准打电话、玩电脑或是听音乐，等到你能够有文明的举止再说。然后，你干扰家人多少分钟，就必须多做多少分钟的家务事。我这样做，是希望能够帮助你处理这些情绪。"

起初内森不相信谢丽尔真的会这样做，但是她坚守了立场。内森有阵子扩大他的干扰行为（父母们，你们要预备会有扩大现象，因为孩子要确定你是认真的），但谢丽尔贯彻执行"后果"。她本来对这样做极其担心，害怕内森的情绪不再有发泄的出口，会变本加厉地爆发，或是心灵受压抑、破碎。

事实上，这些情况都没有发生。内森在起初那个阶段的抗议之后，就安定下来了。他发脾气不再那么频繁，甚至进一步消散了；他开始把问题当作问题带到谢丽尔那里，和她一起解决问题，而不是把危机带给她。在内森内心所发生的，是他成为自己情绪的主人，他学会了使用情绪（人类心灵状态表达）的方法。他可以生气，但会认清生气的缘由，解决那个导致他生气的问题，而不是让那种情绪带他到失控的地步。内森开始拥有他的宝贝之一：情绪。

态度

"态度"和"情绪"不同。态度是指我们对人对事所持的立场或意见。例如，有些人可能对"如何过日子"持有某种特定的态度。以自我为中心的态度是："我靠自己的力量就可以得到生活中想要的一切。"更成熟的态度是："我或许可以得到生活中努力工作得来的结果。""态度"是我们一生中做出许多重大决定的基础，包括爱情、婚姻、职业、信仰等。下面这份简要的清单，是孩子培养态度需要考虑的一些事情：

◇自我（优点和弱点，喜欢和不喜欢）

◇在家里的角色

◇朋友

◇学校（兴趣和本分）

◇工作

◇道德和法律问题（性、毒品、帮派）

孩子需要两方面的帮助学习拥有自己的态度。他们需要看到"态度"是一种要自己去努力和决定的东西，而别人的态度可能和他的不一样。我们也需要帮助他们看到态度会带来的后果，以及他们要如何为这些后果负责任。

例如，你的孩子对家人的态度可能是"他们的存在是为了满足我的需求"，而不是"我是在一个团体里面，其中每个人的需要都和我的需要一样重要"。你要让他看到他的态度是怎样伤害自己和别人的，要教导他身处团体里面的价值，以及如何在其中满足需求，然后你要以经验来跟进你的教导，帮助他看到这些事情的真实性。例如，你可以说："莫莉，你如果不能等到弟弟讲完话就插嘴，就必须等到明天才可以讲你今天学校发生的事情。虽然我们很想知道你学校发生的事，但需要学习轮到你才讲。"这会帮助孩子发展尊重他人感觉的态度。

你帮助孩子体验"梁木与刺"的原则时，就是在给予孩子无限的恩惠：在你看朋友眼中的刺之前，先去掉自己眼中的梁木。换句话说，你要教导孩子，任何时候他们有问题，首先要检查下自己可能做了些什么造成那个问题。"态度"和世界上的每件事都有关系，下面是一些例子：

情境	刺	梁木
学校有个朋友对我很坏。	她好可恶。	我可能伤害到她了吗？
我得了差成绩。	老师好古怪。	我的读书习惯如何？
我没有得到全部的零用钱。	爸妈不公平。	我有没有完成该做的事？
我的哥哥打我。	我的哥哥好坏。	我是不是激怒他了，然后说自己是受害人？

行为

孩子通过被爱、教导、榜样和经验，学会如何在私下和公开的场合行事为人。他们需要知道，如何行事是他们自己的责任。

孩子天生就是"冲动失调者"——他们的情绪与行动之间，并没有以"思考、价值、同情他人"这样的"调节者"来做联结。他们的感觉和行为之间只有一条直线，如果这种情况持续到成年生活，就会饱受性格失调之苦。他们只会发泄情绪到行为上，对"我如果凭着自己的感觉行事会有什么后果"毫无概念。下面是这类孩子（或没有学会界线的成人）会做的事：

原因：你不让我多看电视我很生气。

结果：我哭哭啼啼，大发脾气，对每件事情都勃然大怒。

有界线的孩子会这样做：

原因：你不让我多看电视我很生气。

思想：我可以发脾气，但可能会丧失比看电视还多的东西，所以最好听话。

结果：我现在就去做功课。

孩子不是天生就有这种"调节功能"，但是为人父母有办法来帮助他塑造这种功能，甚至不需要他的合作就做得到。你在他冲动行事时，不必去压抑他的行为，只要让他感到更加痛苦就可以了。

许多父母低估了孩子能够控制自己行为的程度（请看第三章"将不同的界线应用在不同年龄层的孩子身上"那一部分），一般而言，有健全心智的孩子都可以学会为自己的行为做主。

你要用确认、指示和经验来将"调节功能"塑造到他们心里。

确认：使他们知道，无论现实与否，他们的感觉是真实、可信的。

指示：告诉他们，表达生气或自我意愿并非不合宜，但要有方法来处理感觉，例如，讲出来，或换个方式来得到想要的（譬如，以尊重的态度而不是命令的方式说出来，就会得到更多的特权）。

经验：让他们知道，如果行为仍然不恰当，就要承受后果，而当他们更多地对自己的行为做主时，就给予赞美。

举例来说，我认识一个家庭的两位姐妹，她们有个问题。能言善道的泰勒，常常在较为安静的希瑟讲话时插嘴。父母坐下来对她说："泰勒，我们知道你很兴奋地想跟我们讲话（确认），但你一直插嘴，对希瑟很没有礼貌，而且伤害到她的感情。我们希望你保留想讲的话，让她把话讲完了以后再开口。如果你做不到，我们就让希瑟有双倍的时间来讲话，一直到你能够克制自己为止。我们这样做，是希望能帮助你更懂得自制，否则这种习惯会使你讨人厌的（指示）。"

泰勒听到了，然后就像孩子们都会做的那样，测试这个系统。她的父母坚持所讲的话，以致有两个晚上泰勒非常难过，因为妈妈和爸爸没有再听她讲学校发生的事（经验），然后泰勒的妈妈告诉我，有趣的事情发生了！

"第三天晚上，"她说，"希瑟在讲话时，我看见泰勒的脸抽动起来，好像她正好想到什么重要的事要告诉我们。她吸了口气，张开嘴，甚至希瑟话讲了一半，也停下来。那时候，餐桌上一阵沉默，泰勒的脸色改变了，我们真的看到她记得前两天晚上，她所失去的表达机会。她看着我们每个人，笑着说：'希瑟，你刚才在讲什么？'我们每个人都笑得几乎从椅子上跌下来。"

万岁！泰勒已经开始发展出"节制"这个成熟的基本要素。节制帮助我们与动物世界有所区别，也帮助孩子为自己的行动负责。有节制的人不必用行动来表达自己的感受，但能够用说明、反应、象征，或忍受迟来的奖赏这些方式来表达自己。孩子虽然不一定每次都能控制情绪的反应，但是可以控制如何规矩地回应。

孩子需要了解

"很难"与"不会"有别

学习为自己负责任的另一方面是孩子需要了解"不会做"与很"不喜欢做"之间的不同。孩子常常把两者混为一谈。因此，他不喜欢做的事就认为不会做，也由于他不去做他不喜欢做的事，别人就必须替他做。而那个"别人"就是没有界线的父母。

我们做父母的要想到，"不做他不喜欢的事"会妨碍孩子了解"他的生活和问题是他自己的责任，不是别人的责任"。他要不然就是因为事情太难而放弃，很高兴别人替他做，要不然就是找捷径，像考试作弊等。

这种情形都是从小事开始。最近我发现自己和五岁的本尼就处在这样的情况里头。他不小心把果汁洒在桌上，我帮他的时候，他就把弄脏的桌子擦得很干净，然后自动把湿答答的纸巾拿给我，让我去丢到垃圾桶，我也很自然地伸手去拿纸巾。那时候我突然停住了，我想，只因为我正在写这本书。

我说："本尼，我们在干什么啊？你可以从椅子上站起来把纸巾丢到垃圾桶去啊！"而本尼去做的时候一点问题也没有，他并没有生气，也没有为自己辩护什么，只是站起来把它丢掉。然后我们就继续吃饭，我想对我们俩这是个新的想法。

我曾经和本尼逗着玩，他把球丢给我，我就拍着球追他，在那个特定的情境下，我并没有想到他有一双好腿，而且把球投进大垃圾桶里也投得很准，他并非无助到需要大人的援助。在这件事上，对我真正意义重大的是，那不是本尼的错，而是我的错。孩子会把握每个他可以逃避责任的机会，直到我们把"自己负责"作为期望他选择去过的生活形态。

正如我们在整本书里面从许多方面强调的，你不只是在"教"孩子界线，口头的教导永远是不够的，你要"做出"界线的榜样，你自己要成为孩子的界线。换句话说，你的工作就是成为一个以"责任和现实"来架构他生活的人，这样才能够培养孩子的责任感。

成长的另一部分就是学习我们要为什么事情负责任，以及我们需要别人帮助的是什么。我们在《过犹不及》那本书中说道："我们应当互相担当的'重担'，是指生活中那些压倒性的'石头'，就如经济问题、医疗问题或是感情危机；而自己需要担当的'担子'是'背包'——一般的工作责任、上学，以及对朋友、家人及社会应尽到的本分。"

孩子常常把"背包"看作是"石头"，要我们替他们解决问题。我们需要打破这种想法，在他们心里面建立一种观念，即他们只能在那些超越自己能力的事上（如开车、赚钱、解决危机）求人帮助——至于其他许多被期望自己去处理的事情，如提高成绩、行为表现、完成任务等，要自己去做。

这是负责任的另一个目的。孩子的确在有些事上和问题上需要人帮助。生活是艰难的，没有人能够独自完成所有我们需要做的事。事实上，那种独自处理所有问题的独行侠作风的人，情绪上是不健康的。我们每个人都需要别人的支持、关爱、忠告及智慧，来导引我们度过一生。

孩子需要知道，当他们遇到危机、觉得压力太大、有一些无法独自解决的问题时，应该找人帮忙。你要使家里有这种环境，让孩子可以安心地回家说"我数学考试不及格，我搞不懂那些题目"，或是"我有大麻烦了"。在这种情况下，家人需要在孩子身边帮忙解决问题。

然而，即使是在这种危机的情况下，孩子仍然必须学习负责任，他仍然有该尽的本分。下面是孩子需要做的：

◇够诚实和谦卑，知道他有问题，而不是自以为是或否认那个问题。

◇主动去请求别人帮助，而不是退缩，或希望问题会自动消失。

◇选择品格上值得信赖的人去寻求帮助。

◇尽自己那一份责任去解决问题。

◇看重并感激别人所给的帮助。

◇从经验中学习不再重蹈覆辙。

现实生活所给我们的坏消息是：我们即使无法帮助自己，还是有事情得做。如果你被车撞到了，虽然你是受害者，但你还是要蹒跚着去做物理治疗和康复运动；如果你最好的朋友离开你了，那不是你的错，但你的任务就是要去找到其他朋友，能让你以心相交。事实上，我们的生命中很少有完全不用负任何责任的"石头"。

关心与援救相较

我在上八年级的时候，有位新老师来替我们的自然科学老师索撒尔太太上课，因为她生病了。代课老师既没有经验，性情也很软弱。我们班上有个很受同学欢迎的男孩比尔，专找她麻烦，只要她一转身，他就叫她难听的名字，害得她离开教室出去伤心。

隔天，索撒尔太太回来非常生气，她要知道谁叫那位代课老师那么难听的名字，没有人主动提出比尔的名字，虽然我们都知道是他干的。所以索撒尔太太走下讲台，一排排地点名，问我们知不知道是谁干的。没有人逃避得了这个问题，要不就是撒谎，要不就是说真话。一个个孩子，包括我在内，总共三十个，都看着索撒尔太太的眼睛对她撒谎。

只有一个叫杰伊的孩子说："比尔干的！"比尔因为杰伊的做证而受罚。有很长一段时间，比尔真的很生杰伊的气。他和他的朋友排斥杰伊，以致他为所做的，在社交上吃尽苦头。

几年以后，我问杰伊为什么他当时要那么做。杰伊并非老师的宠儿或为了拿到什么好处，他只是不同意比尔被人包庇。"比尔是我的朋友，"杰伊说，"但是我认为对就是对、错就是错，我不认为替他撒谎会带给他什么好处。"我很钦佩杰伊的信念，他冒着朋友会发怒的危险，从帮助他脱罪的行动中退出来。杰伊分得清帮助和救助的差别。

如何做这种区分，是孩子在学习负责任的功课上最重要的课程之一。他既在为自己负责任，也在对别人负责任。他关心家人和朋友，愿意出力来帮助他们，但责任感使他不去帮他们免受自己行动的后果。

要补充说的是，孩子这种心态并非与生俱来。他们在极大的自我中心和对朋友的情义之间摇摆不定，不知道为自己负责任和对朋友负责任之间的区别，尤其是在朋友的关系里面，孩子通常把关心和保护混为一谈（例如，孩子可能会要求朋友替他站出来，即使他自己是错的）。

这类的困惑是发展过程的一部分，亦即，孩子长大与家里面的生活分开时，便开始发展其他的社交系统和结构作为离家前的准备。尤其在青年时期后半段，他们的生活重心是在外面，而不是在家里。这个过程包括与朋友亲近，以及反抗父母。他们认为父母不了解他们的感受、问题、恋情，也听不懂他们的音乐，因此他们和心灵伴侣形成紧密的朋友，花时间在一起分享看法、感觉和秘密。

这对孩子是好事，然而，当你容许孩子在合理的范围有自己的生活和朋友的同时，还是要让他知道负责任的法则同样适用于他的伙伴和家人。孩子需要经得起不告发朋友捣蛋或考试作弊的巨大压力；同样，孩子也需要学习如何对朋友要求替他们解决问题、处理他们的情绪、让他们快乐之类的事说"不"。

孩子不是从书本上学来这些，而是在家里学会关心和援救之别。当孩子看到妈妈、爸爸和他的兄弟姐妹并不需要他像父母那样来照顾他们，他就学会可以爱别人但不需要为他们负责任。他可以自在地进入一种关系，知道他可以顺从同理心的原则行事，但也可以向对他不利的事情和别人的重担说"不"。你要让他膝盖擦破皮后，自己站起来去拿绷带，不需要冲过去搂抱他；让他看到你有很糟的一天，但是知道你会照顾自己。

当你帮助孩子学会区分关心和援救时，他也就学到如何选择不需要别人为其承担问题的人来做朋友——这种朋友是有好品格的人，是你的孩子不必担心跟他说"不"就会绝交的人。

孩子会包庇其他孩子的主要原因，在于他们以为那是保护朋友的唯一方法。你要帮助孩子选择比这类朋友更好的人。每当我从厨房窗户看到孩子和朋友在后院玩，对朋友要做的事敢表示不赞同时，心中总是默默地感激。他们所选择的朋友，多半不会在别人不同意时就变脸。我们的孩子需要和这样的朋友交往，并且一辈子保有这样的朋友。

我们很容易不知不觉地让孩子去包庇人，而使他对负责任产生困惑。例如，孤单的父亲或母亲经常会让孩子成为自己的心腹，认为：我女儿和我做最好的朋友不是很棒吗？我可以跟她说出所有的问题，她也可以跟我说出她所有的问题！

事实上，当你让孩子像做父母一样时，就是冒着让他以这种方式来处理所有人际关系的危险。我们看过很多的人，他们在互信的婚姻关系中，是给予者和接受者的结合。许多时候，给予者的孩提时代多半是处在下面的情况：

◇跟孤单、需要照顾的父亲或母亲生活在一起。
◇跟需要别人帮助、失控的父亲或母亲生活在一起。
◇跟把自己及孩子的需要混为一谈的父亲或母亲生活在
　一起。

我们养儿不是为了防老，不要把孩子当作我们的养老金、社会福利、医疗保健，他们是为自己而活的人！能够让孩子知道你的软弱和失败是件好事，因为这是他们学习成人并非完美的方法，但是指望孩子来满足你的需要却是另一回事。

你不应当让孩子来承担你所受的伤害，例如，依赖他来安慰你的痛苦，或做你的最佳伙伴。你要找成人来满足这些需要，因为你的孩子单是要好好成长，就已经忙不过来了。同时，你也要帮他学习在包庇和注意家人及朋友真实的需要之间取得平衡。要能够去爱人，始于先得到别人的同理心，然后他才了解我们的本分是去尊重和关怀他人。

幼小、软弱的孩子怎么可能有这么多力量来驾驭成年人？如果你在超级市场看过被失控的孩子摆布的母亲，就可以观察到这种进退维谷的情况。

下一个界线的法则就是要探讨这个议题：帮助孩子拥有真正的力量，并放弃不应该拥有的权力。

▲ 看完本章，你需要记住的道理是：

1. 孩子需要知道他们的问题是"自己"的问题，不是别人的问题；

2. 孩子可以生气，但要认清生气的缘由，解决那个导致生气的问题，而不是让那种情绪带他到失控的地步；

3. 你要教导孩子，任何时候他们有问题，首先要检查一下自己可能做了些什么来造成那个问题；

4. 孩子需要了解"不会做"和"不喜欢做"之间的不同；

5. 孩子需要学习如何对朋友要求他替他们解决问题、处理他们的情绪、让他们快乐之类的事说"不"。

第六章 能力律：非全能也非无助

我（约翰·汤森德博士）在七岁时开始读《汤姆·索亚历险记》（*The Adventures of Tom Sawyer*），我知道那是逃离家的时候了，因为我讨厌父母和兄弟姐妹，我知道没有他们我也活得下去。因此，在一个礼拜六，我找到一根棍子和一条红色大丝巾，把我基本生存所需要的家当——花生酱三明治、手电筒、指南针、小球和两个绿色塑胶制的军人玩偶，打包起来。

我下午离开家，走过两个路口，到树林里去，毅然决然地向着其他男孩没去过的地方跋涉前行。树丛越来越茂密，没有路可走了。我吃了三明治，然后天黑了，我听到一些声音，觉得是该回家的时候了。

我记得走回家的时候，心里在想：真是差劲，我不想回家，也没有人要我回家，但是我却必须回家去！我在那里想做个既有能力又独立的人，但面对的，却是自己的无能为力。

孩子和能力

大部分的孩子在某些时候都有类似的经验：他们认为自己是强壮、不受限制的大人，他们在自以为全能的幻想中过度自信、狂妄。如果做父母的在那时没有干预他们的行事法则，孩子就会不像自己所想的那么有能力地面对现实世界。他们必须在生活上做调整，然后从那个经验中成长。他们会顺应现实（精神健康的定义），而不是要现实来顺应他们（精神障碍的定义）。

　　要培养适当的界线，孩子需要有力量，或有能力来控制某些事情。能力的范围可以从完成拼图、表演舞蹈、解决冲突，到顺利发展友谊等等，孩子在世界上的生存和成长，是根据下列以现实为本、适当的评定而来的：

　　◇有能力和没有能力去做的是什么。
　　◇控制事情的能力到什么程度。
　　◇如何适应那些无法控制的事。

　　例如，我没有能力不回家，所以我必须适应自己还缺乏养活自己的能力，承认我还是个小男孩的事实。但是我还有能力来对自己需要家人觉得很不高兴——在这一点上，我至少还有点能力在那儿！

　　我们可以从婴孩和父母的关系，观察孩子和能力之间的矛盾。婴孩一出母腹之后就完全无助。事实上，人类的婴孩无助的时间周期，比任何动物的幼雏期都来得长久。然而，他却可以运用无尽的力量来驾驭父母。父母要配合婴孩的需要，重新安排工作时间表、家庭生活，以及固定的睡眠时间。他们要非常温柔地抱着他，对细菌产生恐惧症，还要安装监视器在他的卧室里，以确保他仍在呼吸。有很长的一段时间，他是父母生活的中心，然而，如果你能够和他沟通的话，他不会说："我让这个家团团转。"可能反倒会说："我一点能力都没有，什么都控制不了！"因为他在不愉快时，会惊慌、无助、发怒；在愉快时又感到安全、温暖、被爱，他常在这两种状态中摇摆不定。

在这种无力的状态下，孩子没有能力胜过自己，因此，有父母给他力量，并为他牺牲，直到他成长到足以发展出个人的能力感。

有能力、无能力及界线

学习适当地运用能力会帮助孩子培养界线意识。成熟的人知道他们有能力做的是什么，无能力做的又是什么。他们在首要的事情上投注心力，放弃次要的事情。孩子需要知道他有能力去做的是什么，没有能力去做的又是什么，以及两者之间的区别何在。

孩子并非一开始就了解根据现实而来的能力是什么，他们认为自己可以向着高楼大厦一跃而上；他们高高兴兴地跳进海里，自认为能驯服海浪；他们全然期待你和他的朋友都像他一样看待生活。

这里存在的第一个问题是：孩子一直都企图获取能力来驾驭不属于他的东西，但他是无法在不属于他的"产权"上划界线的。他企图这样做的时候，真正的主人最后就会来拆毁他的篱笆，这也就是他去欺凌弱小时会发生的事。如果那些孩子很正常，就会起来防卫或只是走开不理他，但那个自以为无所不能的孩子，就会困在长期自设的圈套里头，要不就是徒劳无功地企图控制他所不能的事，要不就是找到软弱的人来帮他维持错觉。

典型的成人个案就是控制型的丈夫和依顺型的妻子。丈夫认为有能力来控制妻子的生活，而妻子也赞同地参与在这个错觉里面来和他相处，不会用你不能控制我的态度来和他对抗。一个从未在能力的限制上屈服过的孩子，将来就会成为这种控制型的人。

孩子所面对的第二个问题是：他想要控制无法控制的事情时，他已经拥有的能力因无法操练而被削弱。他那样地注重前者，以致忽略了后者。在上述的例子里，孩子若投注心力在要朋友来做他想要的，就会忽略控制自己、学习接受自己的选择、适应选择所带来的后果、因愿望无法达成而感到伤心等等。我们的能力，不是用来做想要做的事情，而是用来做好的事情、对的事情。

事实上，学习接受自己的无能为力，对孩子有深刻的意义。一直认为自己无所不能、从未认清自己会全然失败的人，可能很难看到他需要帮助，这种人容易有"我只要再努力一下就可以了"的想法。

什么是孩子的，什么不是孩子的

做父母的都有和孩子进行权力斗争的鲜明记忆。在数不清的方面，孩子坚持他们无所不能，例如，做家务事的方式、穿衣服的风格、他该享有的权利和所受的限制、他交往的朋友等等。你的工作就是帮助他整理出他可以做主和不可以做主的是什么，以及他可以运用的能力范围到哪里。也要记住，你可能不会有乐意上这些课的学生，就像成人一样，孩子不喜欢人家提醒他们限制在哪里，还可能想要给那个传达这种信息的人一拳。当你要开始这个神圣的任务时，脸皮要厚一点才行。

胜过自己的能力

首先，孩子需要了解，他能做什么，不能做什么。下面的表格列出了相关的重点：

我没有能力……	我有能力……
不靠别人就生存下去	选择要依靠谁
做任何想做的事	做我能够做的事
避免承受后果	调整自己，把所要承受的后果减到最低
避免失败	接受失败，并在其中学习和改进

拒绝依赖

孩子不喜欢人家提醒他，说他除了自己以外还需要别人，他们想要自己做决定，解决自己的问题，不要请你帮忙或支援。他们那么想要独立自主，以致常常在让父母知道怎么回事之前，就已经陷入严重的麻烦里面。

有两种依赖通常会让人混为一谈。"职责上的依赖"是有关孩子拒绝去做生活中他该负责的任务及工作，这意味着他想要别人替他处理他该做的事。例如，一个青年人跟父母要钱去花，而不去打工赚点零用钱。你不要让这种职责上的依赖成为可能，而是要让他感受到破产的烦恼，才有助于他去找工作。

"关系上的依赖"是指我们与他人联结的需要。人们之间这种关系上的依赖，是我们赖以为生的"燃料"。关系上的依赖驱使我们彼此卸下心灵的重担，变得脆弱。然后，当我们在这种有需要的状态中感受到他人的爱时，内心就会得到满足。

由于孩子的需要是那么多，他们特别需要关系上的依赖，当他们一再地内化这些重要的养育关系时，要求就会减少；当他们将父母和他人所给的爱内化到心里面时，就能够生存下去。然而人一直到老死，都需要和情绪健康又会关心我们的人有规律及深入的联结。

你需要助长并鼓励孩子这种关系上的依赖。教导他知道，成熟健康的人需要其他的人，而非孤立自己。你的孩子可能对这两种依赖的形态感到困惑，以为如果他要求别人的安慰和了解，就是个婴孩。你要帮助他看到，需要爱并非不成熟的表现，反倒给我们力量去杀死"巨兽"。

　　你看到你的孩子遇到问题，但他可能在自以为的无所不能里孤立自己。当你问他："今天过得如何？"他总是给你老套的回应："还好！"你要化解他的孤立，告诉他，你不是要教训他，只是要知道他的感受。不要让他有错觉，以为自己不需要别人。

　　但是你还是要等他请你帮忙才帮他，如果你在孩子跌倒哭叫之前就跑过去抱他，他就很容易发展出一种心态，以为自己很有能力，不需要父母亲，因为他不用请求帮助。你要让孩子选择寻求成人的帮助。我们知道要耐着心观察和等候已经走入绝境的孩子来求援，这是很不容易的事，任何有爱心的父母都会因此而心碎，但这是唯一让孩子知道他需要支援和关爱的方法，他无法不靠别人而活。

　　在你的孩子学习需要他人的同时，要帮助他知道，他在人际关系中不是完全无助的。也要鼓励他表达意愿、需要和对亲近之人的看法。这在他和你的关系中尤其真实，虽然他别无选择地做你家里的一分子，那是你的决定，然而他可以选择如何与你建立关系。

　　你要给他一些余地来安排自己的步调，例如何时需要你的亲近、何时需要和你保持距离。当他显然需要更多和你分开时，不要多管他的闲事或对他太过亲热，然而当他需要更多亲密关系时，你不要离弃他。另一个方法就是，鼓励他在家庭活动时，分享他对这种关系的反馈，让他有所投入，让他感到他的投入也很重要，即使他没有最后的决定权。

要求凌驾所有的选择

孩子认为他有能力去做每件他决心要做的事，没有什么活动对他是太难的。他们无所不能的错觉，使他们以为自己有无限的时间和精力，以致对时间限制和权衡得失没有概念。例如，孩子可能会这样设计周六的游玩计划：

◇早上九点：玩足球。

◇上午十点半：看电影。

◇中午：吃热狗。

◇下午一点：去溜冰。

◇下午三点：参加派对。

◇下午五点：看另一部电影。

在这种事上，孩子需要你的帮助。他们容易太过高估自己，以为有能力掌控自己的精力、时间和活动计划；他们会因为过度自我承诺，然后却因为事情太多而做不了每件事的浅显经验产生界线上的问题。

我有个朋友小时候就是这样，现在她已经为人妻、为人母了，却发现自己还是像在拉手风琴一样，想要把时间尽量拉长。她认为自己可以送小孩上学后，去逛街买东西，再和朋友喝咖啡聊天，然后在吃中饭以前把家里清理干净，结果发现自己匆匆忙忙，充满挫折感，还习惯性地迟到。现在她试着对付这种自以为足以做好想做之事的错觉。

你要就着孩子的年龄和成熟度，帮助他设立系统来建立时间和精力的界线，并让他知道，同时做太多事情就会出毛病。例如，你让他做个实验，设计一个计划，其中包括：

◇在学校得到中上的成绩。
◇四个晚上待在家里和家人在一起。
◇上床之后在某个特定的时间要睡觉。
◇不要显出疲劳或有压力的迹象。

你要让他自食其果，这样的话，是他而不是你在选择他的命运。我在高中的时候过分投入学校的课业、社交的活动和运动之中，结果出现紧张和疲倦的现象。有一天晚上，爸妈和我坐下来，跟我说，他们认为我得了淋巴结热（Mono），我完全没有留意到自己病了。但是我一直很感激他们让我尽自己所能地往前走，让我确实感觉到，我并非无所不能地可以控制自己的时间和精力。

逃避承受后果

你的小天使会掩饰他的坏心思，认为自己有足够的能力来逃避行动的结果。这种想法是很自然的，孩子会用掩饰、撒谎、找借口和曲解事实来逃避惩罚。

孩子需要通过控制自己的行动来避免后果，当他们认为可以逃避惩罚时，就不会注重自我的约束，而是着重在如何逃脱，结果培养出来的不是诚实的品格，而是病态的性格。

你要让诚实作为家里日常化的基准，对不诚实要设下强硬的限制。在所有不遵守准则的后果里面，要把欺骗的后果定得最为严厉；而所有遵守准则的言行当中，要给予诚实最佳奖励。当孩子坦白承认他的欺骗行为时，要为他庆贺，他需要体验到活在欺骗的黑暗中比活在揭露一切的灯光下来得更为痛苦的现实，这会帮助他从以为有能力逃避收所种之果的错觉中走出来。

我知道有个家庭设下这样的规定：如果自己坦承撒谎，会有某种程度的惩罚；但如果是别人先说出你在撒谎，则惩罚就更严重。由于这种既有的问题制造者可能成长为花言巧语的狡辩者，这种做法正好符合美国今日的法律系统——违法的人如果自首的话，会被从宽处理。

逃避失败

天生就是完美主义者的孩子，很不喜欢被人提醒：你这不对，那不对。他们总是认为自己有能力去避免做错或失败。孩子需要学会面对他的不完美、接受他的失败，并从中有所学习和成长。成长的人没有别的选择，要不就是否认自己的错误，并一再地重复这种生活形态；要不就是承认它，并且想办法解决这个问题。

要开导孩子，不要让他存有"我可以躲避失败"的观念，要让失败做他的朋友。你可以和他谈谈自己在工作上或在家里所做过的蠢事；而当家人指出你不留心所做的其他蠢事时，也不要去辩解。要留意不要给孩子留下印象认为你喜欢他完美表现的那一面，胜过他那平凡、有缺失表现的一面。你和朋友谈到他的时候，除了讲到他的成就之外，也要包括他懂得承认自己失败的那个特点。这些话都会回到孩子那里去的。

控制别人的能力

你除了要帮助孩子放弃那种以为能够完美地掌控自己，不会失败的错觉，也需要帮助他不要有那种以为可以控制别人的妄想。还记得那个既无能又充满能力的婴孩画面吗？这是孩子的起步——除非你加以干预，否则他是不会停止的。你为孩子所定的目标，就是让他放弃自以为可以控制别人的想法，而集中心思来控制自己。请记住"节制（控制）自己，而不是控制别人"。

婴孩大部分的时候都需要父母，要求也很多，不这样的话，他们无法生存下去。但他们长大一些的时候，就会发展出对别人足够的基本信任，并对自己解决问题的能力有足够的信心，以至不是那么迫切地需要驾驭妈妈和爸爸。然而，孩子仍然持有一种想法，认为可以叫别人来做他们想做的事。他们需要用爱和鼓励来负起责任，在自以为的无所不能里受到限制，而你，是这些要素的代理人。

我的儿子里基在上学前班时，有个最要好的朋友大卫，整天和他形影不离。有天晚上吃饭的时候，里基很伤心地告诉我说，大卫有了个新的朋友安迪，大卫和安迪现在都在一起玩，他觉得被人离弃，而且很孤单。我和他一起商量解决这个问题的办法。

"你为什么不告诉大卫你的感受呢？"我建议。

"我可以啊。"

"你认为应该跟他说些什么？"

"我要说：你一定要喜欢我！"

这就是孩子的想法，他们不是害怕，而是想做别人的上帝，自认有能力控制家人或朋友。底下的例子，说明孩子如何试图控制别人，以及你该有的回应：

试图控制他人	你的回应
如果我哭得够久，就会得到玩具。	你再跟我讲一次，我会决定要不要买给你，但是哭的后果必定是不给。
我可以把朋友推开。	他们现在似乎都在避开你。我们不能再邀请人来家里，要等到我教会了你怎么对待朋友，把这个问题处理了再说。
现在我如果既有礼貌又肯帮你忙，就不必为上次犯的错被困在这里罚坐。	我很高兴你现在的态度很好，但还是要坐在那里，等到处罚的时间结束为止。
我可以不必理会你要我清理房间的要求。	我不会再跟你多讲一次，只有十五分钟的时间，过了时间，你就会失去和朋友玩的机会。
我可以用大叫和生气来威胁你。	你的怒气的确会扰乱我，这是件大事情。所以，等你能够适当地用尊重的态度和我谈话，否则所有权利都要暂停。
我的怨恨会毁掉你。	你的确是会让我不舒服，又伤害到我的感情，但是你的恨意不会对我有所损害或是让我离开。

你用这样的方法，就是在帮助孩子放弃他们想要控制你或控制别人的愿望。在教养孩子的任何事上，你第一次给这种回应时，他们可能不会相信你，而那些情况也会再次发生。他们在第二次或第三次的时候，还会试图抗拒你给的限制，不但不相信你真的会这样做，可能还加上愤怒。你要坚持下去，孩子知道了你的界线确实存在时，你就可以更冷静地和他们讨论这件事。

如果这个过程产生功效，孩子可能会开始对他无法掌控人际关系的世界而觉得难过。这种难过对他有好处，因为会让他放弃不合乎实际的愿望；然而，你也要帮助他看到，即使他不能控制别人，他也不是无助的，他需要学习去影响别人做他认为重要的事。

控制和影响是两回事，前者是否定别人的自由，后者是尊重这种自由。你要告诉他："如果你不同意我做的某些决定，只要是以尊重的态度提出来，我都会欢迎你的意见和提议。我会以开放的态度来听。但是，我考虑你所说的建议之后，你还是要乐意接受我的决定才行。你必须以行为来赢得被聆听的权利。"

受伤的父母

如果孩子直接向你发泄怒气或任性而为，可能会很伤你的心，因为你和他的关系亲密，他有办法来让你不好过。然而，你要放弃想要操纵孩子来顾念你情绪的那种试探。例如，有的父亲会跟孩子说："如果你大吼大叫，会让妈妈伤心，她需要你帮助她快乐起来！"这只会增加孩子的无所不能感，制造出其他更严重的问题，因为这样做是：

◇把孩子放在做父母的角色。
◇制造孩子不必要的内疚感。
◇影响孩子，导致他轻视父母的脆弱。
◇把问题变成是父母的感受，而非孩子该承受的
　后果。

同时，孩子需要了解，他的确是伤了你的心，你很不喜欢。这会在孩子心中建立一种体恤别人的责任感。我们都需要知道，我们会伤害所看重的人，如果在生活中继续这样下去，就会在交朋友和维持人际关系上出问题。这会引导孩子为自己拥有影响别人的能力负起责任。

培养能力的原则

你和孩子讨论"什么是他们所拥有的"以及"适应别人所拥有的"这个问题时，有个基本观念要谨记在心，我们用如下的图来做概括：

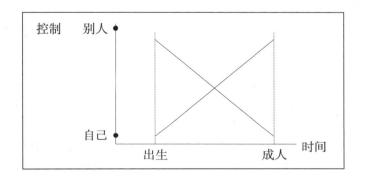

孩子进入这个世界时，几乎没有任何能力来控制自己，为了补偿，他会尽全力来控制他的父母。你的工作就是逐渐增加他控制自己的能力，减少他想要控制你和控制别人的愿望。

无论如何保持联系

你所从事的事业，是在除去孩子自以为无所不能的想法，帮助他拥有真正的能力来控制属于他的那一份。在他的心里面，你是在拿掉某些他所需要的东西。为了帮助他忍受这个过程，你在情感上需要与他同在——同情他觉得无助的恐惧感、他对无法控制朋友的反应而有的挫折感以及他对失败的担心。当你在处理他控制你的企图时，同理心尤其重要。告诉他："在经历这个过程时，我可能会生气或受伤害，但我不会走开，无论如何我都会在这里——即使我不同意你的做法，还必须为你设界线。现在就让我们开始进行吧！"

不要做全能的父母

帮助孩子通过接受你的能力有限，来接受他有限的能力。你可以向孩子承认自己的失败、软弱和限制，但是，除此之外，还是要显出你所具有的能力。你若要这样做，给孩子愈多的自由和愈少的控制就愈好。

对很小的孩子或在紧急情况下，"你马上给我停下来！"这种命令有时候是必需的，但最好是说："我不能强迫你停下来，但可以告诉你，如果你不停下来会有什么后果！"然后，不要给个空洞的威胁，要跟进要给的后果——那是你真正的能力所在。你无法强迫孩子守规矩，但可以提供选择和后果，帮助他做正确的抉择。

做个能自由做决定的父母

做不受控制的人，意思就是做个不让孩子的反应来左右你选择的父母。你在乎他的感觉和意愿，是因为你爱他；但你是家里的"元首"，你在做你认为最好的选择，是因为你在为全家负责。

我看过有些父母在孩子一反常态的时候，就对自己所做的决定犹疑不决。他们不是根据价值观念，而是根据冲突的处理来行事。这会让孩子断定他们有极大的能力来控制父母。事实也是如此。

如果你不确定是否要答应孩子的要求，只要简单地说一句："不可以！"因为你若不能打从心底说可以的话，就会显得很不甘心或很勉强。此外，要记住，先说"不可以"之后又改变心意说"可以"的父母，在孩子的心目中是英雄；但是先说"可以"后来又说"不可以"的人，是个背信者。

做个自由的父母，也意味着你对孩子想要驾驭你的诡计不予回应。如果你需要孩子用某种特定的方式来表现规矩，就是给他机会来驾驭你。例如，孩子知道怎么用某种声调称呼父母，就会让父母觉得刺耳，或是觉得窝心和慷慨宽大。很多做父亲的，只要女儿和"世上最棒的爹地"一耍撒娇的把戏，不想宠她的决心就给融化掉了。

关键在于，你不要求从孩子那里得到感激、支持、尊重和了解，只要求他达到特定的行为标准。不是因为你需要他这样做，而是他本来就需要这样做。你要从生活中的其他人那里来满足需要，让孩子和你在一起的时候，完全做他自己，然后你们才能够一起合作，磨平他粗糙的棱角。

帮助孩子拥有自理能力

要记住，做父母是个暂时的工作，当孩子在你照顾下成长时，你已经投注了受托人的力量，等他逐渐能够负起责任时，你应该把他生命的缰绳交给他。从某一方面来说，"我永远是你的父母"这句话是真的，在另一方面却未必尽然。你永远有那个天赋的权利，但不是永远有那个责任。你的目标是在两个成人之间建立相互的感情，而不是永远不变地凌驾于他。

秘诀在于，你要知道如何让孩子走出他的安全地带，但又不超过他的成熟度；让他伸展，但不要折断他。记得刚开始上大学一年级的时候，我打电话给父母：

"我应该选什么课？"我焦虑地问。

"你高中的平均成绩是多少？"父亲问我。

"还不错啦！"

"好，如果你聪明到能够进大学，我敢打赌你也会聪明到想出要选什么课。"

这花了我一整个学期的时间，从对课程的摸索和自己差劲的成绩，学到如何选择对我有意义的课程。但是我真的学会了，也开始享受大学生活，因为我为自己的决定负起责任。爸爸，为那些挫折，我要感谢你！

限制无所不能感，鼓励自主

孩子需要知道不能每件想做的事都能去做，但这并不代表他们必须做你或任何其他人的奴隶。他们需要发展自主的感觉，或是能自由做决定的能力。你不要落入拿走孩子所有能力的错误里面，因为他们需要所有可得的真正能力。例如，三岁的小孩可以在特定的钱数和安全系数之内，到玩具店选一个特定的玩具；青少年也应该在某个特定的范围之内，有能力选择朋友、衣服和音乐。你是孩子学习无所不能和自主之别的实验室。他们会在两个极端之间来回，你该做的就是帮助他们发展健康的自制能力。

尽可能地让孩子参与到与他有关的决定里面，以不违反亲子界线的原则（即不是让他成为处理你问题的同辈或密友），和他讨论学校、经济等相关一些问题。问他的意见——尤其是在关系到他以及有关你定的界线和后果这类事情。听他说，如果他讲得很有道理，就采用他所提的，调整你已经采取的某些立场。你这样做，不但不会削弱你的权威，还会帮助他觉得自己不那么像小孩。

有时候让孩子设定自己所要承担的后果，也是很好的学习经验。孩子常常比你还严格地要求自己！然而，万一他要求你给的关爱多过他要负的责任，你要保留最后的决定权。

结语

能力会医治也会伤害孩子，他需要出于现实的自制能力，也需要放弃渴望拥有绝对的能力来驾驭自己和人际关系的意愿。合乎现实地了解真正的能力，会让他尊重所设定的界线并持守之，帮助他培养宝贵的刚强、仁爱、谨守的心。

然而，当孩子用他的能力去侵犯别人的界线时，父母该怎么办？让我们用下一章"尊重律"来讨论这一点。

▲ **看完本章，你需要记住的道理是：**

1. 孩子需要知道他有能力去做的是什么，没有能力去做的又是什么以及两者之间的区别何在；

2. 教导孩子知道，成熟健康的人需要其他的人，而非孤立自己；

3. 帮助孩子设立系统来建立时间和精力的界线，让他知道，同时做太多事情就会出毛病；

4. 要开导孩子，不要让他存有"我可以躲避失败"的观念，要让失败做他的朋友；

5. 你要告诉孩子：如果你不同意我做的某些决定，只要是以尊重的态度提出来，我都会欢迎你的意见和提议；

6. 不要做全能的父母。

第七章　尊重律：并非唯我独尊

你还记得把幼儿留给保姆的时刻吗？有多少次你从孩子的表情中得到如下的反应？"好吧！爸爸妈妈，我可以理解你们真的需要留给自己一点时间，不要我待在身边。我一直很希望你们这样做，你们真是应该多为自己想一想！祝你们有段愉快的时光，一点都不用担心我，我需要学习照顾自己，并且尊重别人的隐私和需要！"

或者，你是否曾经从八岁的孩子那里听到这样的说辞？"哦，妈妈，我了解，虽然我真的很想现在就吃冰激凌，希望你在31种口味冰激凌店停一下，但是我了解现在回家对你而言非常重要，我们就照你的意思做吧！"

或是青少年的版本？"我可以理解为什么不能去参加滑雪旅行，因为给我钱去参加那趟旅行，会让家里的经济预算吃紧。我会去替邻居做点零工，自己赚这笔钱。"

听起来很耳熟吗？恐怕是吧！上述说辞里面的共通点就是——尊重他人的存在、需要、选择和感受。这种对他人的尊重不是与生俱来的，而是学来的。你曾经和不能尊重你界线的成人相处过吗？那是很累人也很困难的事。学习这项真理对你的孩子非常重要，因为他们如果没有在尊重他人的界线中成长，将来就会充满痛苦。

每个孩子来到这个世界后，都想要事事顺他的意，很少顾虑到别人的需要，不仅要事情顺他的意，还要人也顺他的意；不仅要为自己定所有的规矩，还要左右别人的生活、财产、情感和自由。

简言之，他来到世界上，认为其他的人只是为了他而存在，不必有他们自己的生活。你的任务——也是这一章的主题，就是来矫正他这种不尊重别人界线的天性。

尊重别人的界线

孩子要能够尊重别人的界线，和人好好相处，必须学习如下几件事：

（1）不伤害别人。

（2）尊重别人说"不"的权利，而不粗暴地对待他们。

（3）尊重一般的限制。

（4）能够接受别人与他分开。

（5）当别人的界线让他无法得到想要的，他会难过，但不会发怒。

孩子来到这个世界的时候，不会做上述这些事情，因此，教导他这方面的功课，正是非你来做不可的工作。

好的功课：不伤害人，不侵犯人，别人说"不"时不粗暴地对待

我们在第三章提过，教导孩子尊重他人最好的方法，就是你

自己要有好的界线——不容许自己被人不尊重地对待。身为父母的你自设的界线，就是孩子所要内化的界线。孩子如果不尊重你的界线或限制，当你说"不"的时候，他们就会学习尊重别人和别人的限制。你若不这样做，他们就学不到这一点。

下面是个实例，让你看看十一岁的男孩比利怎么不尊重他妈妈的限制：

"妈，我要去乔伊家玩曲棍球。待会儿见！"

"不可以，比利，你不可以出去，现在是你做功课的时间。"

"妈，别这样嘛，大家都出去玩。我可以晚一点再做功课啊！"

"比利，我知道你想出去，但是我们已经约定过，你如果去游泳，就必须在吃晚饭以前把功课做完。"

"对啦，但是我可以吃完饭再做啊！"

"约定就是约定，我不要再多谈！"

"你是个大笨蛋，什么事都不懂，你是个大——肥——猪，笨蛋！"

如果这些话听起来熟悉，不要烦恼。当你开始设定界线的时候，正常的孩子都是很自然地讨厌这些限制的。你的考验就是，孩子表现出不尊重及厌恶的态度时，你该怎么办？孩子会有不尊重你的态度出现，这是很正常的，但让它持续下去就不正常了。解决的方法在于共情、纠正，然后要他知道后果。

共情和纠正

"比利，我知道你真的很失望，但是你不可以这样跟我说话。你不可以叫我笨蛋，这种用词很伤害我。你要难过、要生气都可以，但我不准你这样骂人。"

"比利，我了解你很不高兴。但是当你叫我笨蛋时，你想我会有什么感受？（等他回答，让他想想别人的感受）如果别人这样叫你，你会有什么感受？你希望别人这样对待你吗？"

"比利，我听见你在骂我，若你以更尊重的态度和我说话，我很乐意倾听。我不会听一个叫我笨蛋的人说话。如果你对某些事不高兴，请你换种方式来跟我说话。"

"比利，请你想想你刚才说的什么话，好好地再讲一次。"

如果你纠正他以后，他向你道歉，充分地自我调整，并且悔改的话，那么这个孩子就学到尊重为何物。如果他不道歉、不后悔，也不纠正自己，或者这已经变成他说话的模式，那么就应该让他承受下面这些后果。

后果

"比利，我告诉过你不要那样对我说话。我不想听你那样说话，是因为它伤害到我的感情。所以请你现在到房间去，想想看有什么更好的说话方式。"

"比利，在你能够停止这种讽刺的言辞之前，你可以到别的地方去，我不想听，请你走开。"

"比利，你如果用这么恶劣的态度来烦我们所有的人，我不知道你在外头会做出什么事来，你最好待在家里，好好地想想怎么样对人讲话会更得体些。"

请注意，我们要尽可能地将后果和他对人的侵犯联结在一起，因为这是一种关系上的侵犯。比利行事的方式是别人所不喜欢的，因此，最终的结果就是因他的行为而失去与别人接近的机会。

也请注意，比利无法把事情变成妈妈失控的问题，因为他妈妈只是说出她的限制以及后果是什么，既未羞辱比利也没有轻视他。她只真实地道出比利所做之事，也让比利保有他的选择权。如果比利真的要做这种选择，他可就愚蠢了，因为妈妈已经把所要付出的代价清楚地告诉他了。她保留了比利的自由和选择，也在过程中仍然爱他。自由、选择和负责这三个要素，在人际关系里面都被保留了下来。

比利也从中发现，拙劣的人际关系行为所带来的后果是：

（1）伤害到别人。

（2）自己要付出代价。

你要尽可能地保持自我控制，因为这就是界线所在。这个过程要能够有好结果，需要有三件事：

首先，你不要让自己受人谩骂。因此当比利用那种方式跟你说话时，你身为有良好界线的人，要对所听的话设下界线。然后，当他想要那样说话的时候，就没有人听他说话（这对乱发脾气的幼童同样有效，告诉他们，他们想生气的话可以，但要在自己的房间生气，你不要听到那种吵闹的声音）。

其次，你的孩子知道了他的行为伤害了别人。大部分的孩子并不喜欢伤害人，他们会反抗规条和限制，但了解什么是痛苦。你要向他表示，他所说的话很难听，而且让你听了很难过。你这样做，就是开始教导他根据同理心而来的、道德上的，以留意、关心别人感受为本的法则。如何待人如同希望别人如何待己，包含了知道自己的行为给别人什么感受。孩子很快就可以了解，他们不希望别人用某种方式来对待他。但是你不需要用让他内疚的语气来教训他，只要以试探性的语气对他说："如果有人在学校对你这样说话，你会有什么感受？"要他想个答案，然后说：

"当你这样跟我说话的时候，我就有这种感受，我也不喜欢！"

最后，如果他没有改正那个行为——虽然一开始可能还没有办法改正——就必须让他付出一些代价。要他付出关系性的代价可能会管用，换句话说，由于他伤害或不尊重某个人，因此，要他付出减少和这人在一起的时间这种代价。你叫他走开；在他用那种方式行事时，不和他互动；告诉他，你认为他需要一些时间想想有什么更好的方法来和你说话，你才会听他说话。行为恶劣等于你自己一个人去做恶劣的行为，行为得当等于有人会倾听你说话。你可以任他生气，但不听他的恶言恶语。

对待别人又是如何？

同样的原则也适用于对待除你之外的别人。一般而言，尽可能不要涉入孩子之间或孩子与其他成人之间的争吵，他们需要学习如何自己解决这些争执。这也会避免孩子玩三角关系，拉父亲或母亲来反对对方，或利用父母来反对家里以外的人。

玛丽十三岁的儿子斯蒂芬在态度上出现问题。有一次，斯蒂芬和几个朋友在后院玩，玛丽听到男孩子们在争吵，也看到了斯蒂芬恶劣的态度又冒出来了。这虽然让她看了很伤心，但她还是克制住要去纠正他的冲动。在以前，她会插手，试着做和事佬，在斯蒂芬与朋友或与兄弟姐妹争吵时帮他一把，但是这一次她决定让斯蒂芬自己去解决。

很快地，斯蒂芬自己一个人进到屋子里来，他很安静地进房间打开电视机。玛丽想要跟他谈话时，他似乎不太想讲话，所以她推测他和朋友之间一定有事情没搞好。

"你的朋友到哪里去了？"她问。

"哦！他们回家了！"斯蒂芬咕哝地说。

"还很早啊，为什么要走呢？"

"他们走了就是了，就是这样！"斯蒂芬想要避开进一步的谈话。

"你确定？"

斯蒂芬看起来很伤心，玛丽知道这个时刻对两个人都很困难。在以往，她的工具箱里只有同情而没有界线时，她会想办法鼓舞他，让他觉得好过一些。但学会同理心和现实的准则之后，她做了个深呼吸，想要将两者应用在眼下的情况。

"斯蒂芬，是不是发生了什么事，让贾斯廷和罗比想要回家去？"

很快斯蒂芬就和盘托出他要人家照他的意思行事的真相。然而，事实上他并不想为这个争执负起责任，反倒想要拉母亲一起怪罪朋友：那不是我的错，他们不想做好玩的事，我们已经玩过那个游戏啦！

这一次玛丽让事实就是事实，只是同情他的痛苦。

"斯蒂芬，"她和蔼地说，"你觉得心情很恶劣，因为你孤单一人。我发现你每次都要人家照你的意思去做的时候，就会有这种情形发生。你是可以要人家每件事都照你的意思，但是你的朋友不会想要和你在一起的。你如果懂得分享，懂得和人家商量，朋友就会愿意和你在一起。我很了解自己一个人是很难过的，我也很同情你，所以，或许这是个机会让你好好想想，是不是每次都照你的意思对你是那么重要的事？你可以每次都做你想做的，但如果选择那条路，就会很孤单。"

玛丽用同理心和让他去感受孤单的痛苦，让"现实的限制"教导斯蒂芬学会尊重他人界线的功课。在一年之内，斯蒂芬经过了几次类似这样的痛苦之后，他放弃了坚持己见，终于懂得和别人分享了。

现实世界给孩子的教导，加上父母用同理心和限制来支持这个学习过程，就可以制作出"尊重界线"的最佳学习秘方。然而，对父母而言，要这样做很不容易。大部分的父母都会训斥或羞辱孩子，要不就是以责怪学校或责怪其他孩子来"解救"他。有智慧的父母让孩子的世界教导他生活的经验，然后同情他的痛苦，之后，他就学会尊重外头世界以及父母给的限制。你问问孩子要怎么和老师解决他的问题，比替他到学校去骂老师、替他解决问题，或多半是在家处罚他来得好。

要留意的是，有时候遇到类似成人起争执的情况，当成人无法解决问题时，就会诉诸法律，让法庭帮助我们和解，而那个和解可能包括了我们所要承担的后果。对孩子而言，所要诉求的"法律"就是父母。父母有时候必须干预以解决纷争，但唯有在孩子们尽了所有的力而不能解决时才这么做。孩子必须学习尊重他人的所有权，否则就要付出代价来承担后果。请记住，如果你替他们解决所有的纷争，他们就学不会你不在身边时解决问题所需要的技巧。

尊重一般的限制

一般而言，"限制"在起初或在前面几次都是不受欢迎的。管教孩子的事不会让人觉得快乐。人性本来就是拒绝受限，因为它限制了人的愿望。当你对孩子说"不"时他们不仅丧失了某些想要的东西，也发现自己并非宇宙的主宰，这种发现比不让他看电视还让他苦恼。不要忘记，孩子反抗限制是很正常的。

当你在这种反抗当中不知道如何是好时，问题就来了。你会觉得要不就必须"保卫限制"，要不就对反抗加以处罚，其实这两种选择都无济于事。请记住，如果你持守限制，这些限制就是现实，就是界线，孩子会因而尊重限制，因为它是"真的"限制，不会消失。孩子反抗之后，现实还是现实，如果做父母的这个时候不介入孩子就会放弃反抗，然后觉得难过，但会去调适自己。要产生这种情况，需要存在两个要素：限制和关爱。如果两者皆具，孩子就能够在非敌对的方式下内化限制的事实，而这些限制便成为他内在的制约、架构和节制。

如果你和孩子争吵，或谴责他们，则"现实"就不再是个问题，你却变成问题。此外，孩子如果没有关爱他的父母从一旁协助他面对现实，而你又陷入和他争论或责备他的境况，他就会有双重的问题。他会拒绝内化现实，并且恨你，因为你和他对立。

让我们来看看下面这两种解决问题的途径：第一种途径是父母在孩子的反抗中进退不得，不知如何是好；第二种途径是以爱和限制来回应。

场景一

"凯茜，不行，今天你不可以去看电影！"

"这不公平！马西娅都可以去看电影。我讨厌你定的这个蠢家规。"

"凯茜，你这种态度很恶劣，在做完我要你做的所有事情之后，最后一件就是停止和我争论。"

"不公平！其他的小孩都去，就是我不能去！迈克尔出去的次数比我还多！"

"我这个礼拜让你出去做了好多事。别再跟我提我没有让你做这一类的事。你忘了前天才出去过？"

"但是我今天就是要出去！你一点都不关心我！"

"我是关心你呀！你怎么可以这么说？我一向做的，就是开车载你从这里到那里，到处走，你怎么能说我不关心你？你现在就给我改正你的态度，要不然整个礼拜哪里都别想去！"

场景二

"不行，凯茜，你今天不能去看电影，你必须先做家务事！"

"那不公平！马西娅都可以去看电影。我讨厌你定的这个蠢家规。"

"你因为不能够再出去看电影而有挫折感，我很了解。"

"但是我今天就是要去！你根本不关心我！"

"我知道你很懊恼也很生气，要玩之前还要先做事是很不容易的事，我也有同样的感觉。"

"我讨厌住在这个家里，什么事都不能做！"

"我了解，当你很想出去看电影却不能出去，是很难过的事。"

"好啊，你既然这么了解，就让我出去啊！"

"我知道你很想出去，这很不容易，但是不行就是不行。"

"我如果失去这次机会，这个暑假就不会再有另一部试映片了！"

"那真不巧，要等到下个暑假可是太久了。我可以理解你为什么这么不愿意失去这次机会！"

最后凯茜对这种毫无结果的争论厌烦了，她要不就是想办法摆脱妈妈的限制，要不就是让妈妈觉得挫败，结果妈妈两者都不受影响，她没有办法，只好放弃，接受现实。

请注意，在第二幕场景中，做母亲的并没有为"痛苦的时刻"做解释、替自己辩护，或羞辱孩子，她只是持守限制，并同情凯茜。凯茜没有什么好争论的，妈妈也没给她什么申斥或处罚，只是给予关爱和限制。做母亲的在设定限制时需要站在"同理心"这块磐石上。

事实上，凯茜并没有兴趣听妈妈解释理由，而这些解释对她也没有帮助，因为她真的很懊恼也很生气。妈妈知道，她只需要给予凯茜关爱和同理心，且持守限制，那个限制就会成为现实。当做母亲的没有让自己的气愤、丢面子或为自己的辩护挡在路上时，限制就变成孩子真正的敌人，而不是她——母亲变成敌人。她的同理心让她免于与凯茜上演成权力斗争。

如果父母不同情孩子的痛苦，就会惹出麻烦来。做父母的常常要不就是过分认同孩子的痛苦，而放弃对孩子的界线；要不就是对孩子的痛苦生气，而争执起来。同理心和持守限制是避免这两种极端的解决办法，你甚至可以用下列的说辞来武装自己：

◇我了解你一定很受挫折。

◇我敢说你一定觉得自己很没用，因为其他的孩子都出去玩了。

◇我了解，我也不喜欢做自己不想做的事。

◇错失你那么期待的事，真的好可惜。

◇我了解，我了解，这很不容易。

◇我了解，我宁可打网球也不要洗碗，真的太糟糕了！

很快孩子就会得到一个画面，他的反抗既未改变你的限制也没得到你的反应——这是孩子在那个时刻的两个目标，因为他想要两件事：

（1）改变现实。

（2）让父母感受到他的痛苦。

因此，你的工作既不是改变现实，也不是陷于挫折沮丧，而是要坚定立场又能有同理心。不要生气也不要去处罚孩子，最终孩子不会再抗议而是面对现实，他会开始觉得他所能学到最重要的事情，就是面对现实限制的感觉——难过。

面对现实时的难过和失落

当孩子不再抗议而面对现实时，会出现难过的感觉，并且开始缴械投降。我们每个人在面对限制时，都必须学习这样做——接受"想要却得不到"所带来的失落，然后继续往前行。学会超越反抗进而接受的人，就是学了一门最重要的品格功课："人生就是会有难过的时刻，不能老是想要什么有什么，算我倒霉吧！现在我必须继续走下去！"

你想到某个认识的成人，看到他的生活一直陷在反抗状态而无法改变时，你就会了解那种从未学过这门功课的人是多么可怜。他们之所以无法让事情过去，可能是因为孩提时代没有学过怎么为失去的东西感到难过。同理心伴随着现实，会使人产生接受的态度，给人力量继续向前。

对于有些孩子，你可能需要在另一次没有争论的情况发生时，坐下来和他谈谈。例如："我注意到有时候我跟你说'不'的时候，你很难接受。你愿意谈一谈吗？你认为我不了解，或不让你做个够吗？如果我们两人之间有什么疙瘩，我希望把它讲出来。我在某些地方伤到你了吗？"但在反抗热度正高涨时，不适合这么做，那时只能拿出限制和同理心。

尊重与所爱的人分开

能够彼此自在地分开，在关系上是最重要的层面之一。我们需要能够尊重与所爱的人分开，这门功课始于幼儿期与父母分开的时间逐渐增加，反之亦然。当孩子被人搁在一旁，没有得到即刻的回应时，都会哭闹和抗议。如果做父母的对这种情况屈服，而让孩子控制他们的话，就是在教导孩子许多很不好的功课。

如果孩子已经得到适当的喂养，也得到了足够的联结和关爱，就需要学习忍受分离。他们大哭大闹时，需要有人予以同情，然后离开，这样他们就会学习接受自己是个独立的个体，在不得已与大人分开时，能够享受独处。但这并不是说，要把真正有需要的孩子——尤其是婴儿时期的孩子，放到一边不予理睬。真正的需要总是必须有人回应。

孩子的需要得到满足时，他也必须学习有时候要和所爱的人分开，这是正常生活的一部分。如果有同理心和有机会让他去面对这种现实，他们就学会"分开"是不会有事的。

孩子也需要与你分开

孩子也有想要与你分开的时候。你教导他们尊重你和他们的分开，也要尊重他们想要暂时和你分开。你要给他们适应年龄的自由，不要要求他们一直待在你身边，不论是在学步期让他们有自由去探索安全地带，让学龄儿童到邻居家里玩，还是让青少年去约会，都要给他们自己生活以及做选择的空间。这是很重要的。孩子年纪渐长，就会想要更多的空间，也需要更多的空间。只要他们处理得当，就应该给他们。不必要的时候，不要过分涉入他们的隐私及空间。

他们的空间

"给孩子自己单独的房间"是这种分开的好例子。我们劝人要教导、要求年幼的孩子清理并保持房间适度的整洁，但他们年纪越大，就会想要越多的自由来管理自己的空间。你把空间给他们，但如果他们搞砸了，就不要纵容他们做不负责任的事。例如，如果他们找不到自己的东西，不要帮他解围；还有，不要让他们把家人共用的地方给搞脏乱了。为了尊重家里这些区域，你要提供他们基准来学习做个好"邻居"，他们可以有自己的空间，在限制之内过他们要过的日子。然而，就像成人不遵守危险告示，消防局也会给他开罚单一样，让孩子知道虽然他的房间是他自己的空间，但如果他越过特定的安全界线，就会失去使用的主权。

他们的时间

时间是另一个他与你分开的例子，只要孩子不会让自己陷入险境，就应该让他在适合年龄的限制下，掌握自己的时间和选择。学龄前的孩子需要父母在时间上给他许多的架构，但在这些架构里面，他们可以选择如何使用。例如他们最主要学习的就是玩耍时间的结束，上床的时间已到；学龄儿童所要学习的是做完功课以后才可以玩；青少年必须管理自己的时间，但那些限制会迫使他们把时间运用得更好。只要他们知道如何做，就让他们自己为准时上学、吃饭以及按时完成家务及功课等事负责。如果他们错误地处理时间，要让他们为此承担后果。

如果你花了好几年的时间对孩子唠叨有关"赶快把事情准备好"这类的事，就表示他们从未学会时间的界线。时间的限制唯有在你让它们对孩子成为"现实"的一件事时，才会变为真实。不要唠叨，不要太常提醒他们！你不是时钟，你所要做的就是确定他们懂得看时间，告诉他们什么时间会有什么事发生，然后让他们做准备。告诉他们，如果不照着做，就会有问题，例如：可能会少吃几餐饭、不准外出或上学迟到等等。几次下来，他们很快就能学会"时间"的真正意义是什么。

如果他们习惯不准时来吃晚饭，那么大家用餐后就没有东西可吃了。讲清楚你的界线："我只从七点到七点半供应晚餐，过了时间，厨房就对那些没吃饭的人关闭。"让他自己解决饿着肚子上床，赶不上公交车，或某些想做的事因未能就绪而不能去做的问题。不需要太多这种使他们错过事情的情况发生，他们就会学到这门功课了。但若你唠唠叨叨，不让他们自己管理日程，用这种方式来控制他们与你分开，他们就永远学不会时间限制的真实性。

他们对朋友的选择

如果你的孩子和一些你不喜欢的孩子在一起消磨时间，只要和他们谈谈有关选择朋友的事就可以了（除非他们陷在危险当中）。这里有一些建议：

◇萨米让你有什么感觉？

◇你喜欢别人那样对待你吗？我不会想要和那种不尊重我意见的人在一起。

◇你喜欢他的什么？我通常不会喜欢和那种事事要顺他意的人在一起。

◇我希望能够影响他，让他变得更好。

◇我也有一些价值观念不同的朋友。你发现很难不受他们影响吗？他们要你做一些你认为不该做的事情时，你会怎么做？

有时候孩子所选择的朋友可能很危险，你必须采取行动。因为他的这种选择意味着还有别的事在进行。如果孩子选择损友来做朋友，你要找出令他沮丧和气馁的模式，或是他之所以被动的问题所在。如果你看到他有某种模式重复出现，则应当寻求专业的帮助。

他们的金钱

孩子需要有一些钱花在自己想买的东西上，然后当钱用光了就是用光了，不会再有。孩子需要学会过成人生活时需要知道的事——钱是有限的。令他学习这方面的最佳方法就是——亲身体验金钱的有限。然而通常会有两种情形发生：父母要不就是没有给孩子钱，让他们可以管理并在限制内使用钱；要不就是给他们太多钱，以至他们不必在金钱的限制里面过日子。父母通常会对孩子因为花光了钱而出门没有半毛钱可花而感到于心不忍。

但就像我们其他有关尊重现实的教导一样，你要同情他，不要教训他。你可以说："如果在月底还没到就花光了钱，我也会觉得很寒酸。出门买不到想要的东西，真的让人很不痛快！"

他们的衣着和打扮

衣着和发型应该是孩子的选择，除非这种选择让孩子身陷危险。例如，某类的衣饰意味着属于某个帮派，或是有性暗示，那你就必须加以干预。如果不到那种程度，就让孩子选择他们自己的衣着和发型，他们愈早学会处理自己的事，不必样样靠你打点愈好。

一般而言，真实的世界所带来的后果就会给他们教训，如果他们的衣着太古怪，校园会告诉他们；如果他们的社交圈没有因他们蓄发的样子而排斥他们，就让他们照自己所愿去留长发吧！你的父母在你的打扮或发型像猫王埃尔维斯（Elvis）、披头士

（Beatles）、齐柏林飞艇（Led Zeppelin）的时候，也不喜欢啊！

你要把心思放在注意他的价值观、技能、爱心、诚实、对待他人等这些更重要的事上，让孩子自己去管理他的外表。我有个朋友说："当我发现孩子戴耳环是为了表现他与我之间的不同，我就让他戴耳环去了，我不会因为他要证明自己有别于我，而去选择某些具破坏性的事情。"

通常，衣着和外表说出两件事："我属于某个团体"，以及"我和我的父母不同，我可以做自己的选择"。只要那是他们一定要去的地方所要求的穿戴，就让他们照自己的方式去做。（这并不是说，你必须喜欢它！你也有自己的品味，只是不要替他们过分烦恼，毕竟那是他们自己的头发。）

你与他们分开

不但孩子需要学习与你分开，你自己也要能够和他们分得开。与孩子分不开的父母，教导孩子"宇宙是绕着他们转的"。孩子大一点的时候，你不要觉得晚上你们自己出去，或是旅行没带他们一起，有什么不好。你要有自己的时间和空间。在他们小的时候就让他们学习"妈妈要看书，现在不是玩的时候"。

这是很重要的，我有个朋友有时候会跟她小儿子说："我看书正看得津津有味，你要为自己的乐趣负责，现在就去找一些有趣的事自己玩吧！"或是说："我知道你的话还没讲完，但是我已经听够了。我现在要想自己的事情，你自己去玩吧！"

对那些希望大人一直陪伴身旁的孩子，如果父母不跟他说"不"，就是在教导他：他是无法自我生存的人，这个世界绕着他在转。以后这个孩子就不会轻松地让他所爱的人和他分开，他会想要控制那个人。你要先满足孩子的需要，然后在你满足自己的需要时，要求他也满足自己的需要，你要同情那种挫折感，但是要保持分开。

你做得如何

孩子很容易反映出你的样子，他们反映你的举止、习惯、态度、看待生命和克服困难的方法。因此，在你做任何本章所教导的要孩子学习尊重界线之前，要先确定你尊重孩子的界线，尊重他人的界线。

请记住尊重的法则所设立的目标：

◇不要伤害他人。

◇尊重别人所说的"不"，而不去处罚他们。

◇尊重一般的限制。

◇尊重他人的分开。

◇当你得不到想要的事物时，只觉得难过，不会生气。

下面这些问题可以帮助你问自己：你在遵守"尊重律"上做得如何？

（1）你伤害到孩子的时候，肯承认自己的行为并道歉吗？你会告诉他，你很抱歉因为只想到自己？你会请他原谅你吗？

（2）当配偶和孩子对你想要做的事情说"不"时，你是否以愤怒、操纵或收回对他们的爱来惩罚他们？你容许孩子在该有自由的事上对你说"不"吗？你会让他们选择如何安排自己的生活吗？如果你想要他们玩棒球，而他们喜欢踢足球，他们可以自在地对你说"不"吗？如果他们不同意你对某事的所有看法，你会如何反应？他们有自由持不同的意见吗？

（3）你如何处理一般性质的限制？你总是想办法"躲避"一些规定，让孩子有样学样吗？你是接受适当的限制，还是教导孩子说，许多规定除了对你以外，对每个人都有好处？

（4）你享受与他人的分开吗？你容许他们与你分开生活吗？你容许孩子独立成长，与你分开吗？你喜欢他们有自由，还是不喜欢？

（5）当你没有从孩子或其他人身上得到想要的，你是生气还是难过？你是以生气来抗议他们的选择，还是以难过来接受结果？当事情不按照你的意愿进行，你是大发脾气，还是觉得难过但继续进行？

被尊重过的人是最有机会学会尊重的人。你不能要求孩子表现那些你不愿意给他们的东西。尊重他人及尊重现实限制的榜样，比任何你学到的技巧都来得有效。

结果

尊重的法则教导孩子，这个世界不只是属于他们，他们也必须与别人分享。他们要学习做个好"邻居"，对待别人就像希望别人如何对待他们一样；他们不能要求事事顺他们的意愿，要学习得不到也没有关系；他们要能够忍受"无法移动界线"，也要能够在别人说"不"的时候，不去抗争；他们也要能够忍受别人与他们分开的生活。

请记住，这条路看起来是这样的：

◇孩子抗议那些限制。

◇他们想要改变限制，并惩罚那个设定限制的人。

◇你坚持那些限制，应用在现实生活上，并且给予同情。

◇孩子接受限制，并培养出更友爱的态度来面对。

这些都不是一蹴而就的，这是个会经过许多困难阶段的过程，然而，如果你以爱和限制坚持到底，到最后终将成功。为了他们的将来以及将来那些会爱上他们的人，你的孩子需要根据"想要别人对待他们的方式去对待别人"的金科玉律来生活，这样他们自己及所爱的人生活得就会更加美好。

然而，我们都知道，人们在表现对他人的尊重上，有好的动机也有不好的动机。譬如，有些人对别人好是出于自私、愧疚，或是害怕。我们要让你的孩子学会以更正面的动机来表现出爱和负责任的态度。下一章我们会教导你如何来达到这一点。

▲ **看完本章，你需要记住的道理是：**

1. 教导孩子要尊重别人的界线；

2. 尽可能不要涉入孩子之间或孩子与其他成人之间的争吵；

3. 不要忘记，孩子反抗限制是很正常的，如果你守定限制，这些限制就是现实，就是界线；

4. 当孩子不再抗议而面对现实时，会出现难过的症状，并且开始缴械投降，这时必须教导孩子：接受"想要却得不到"所带来的失落，然后继续往前行；

5. 需要能够尊重与所爱的人分开，这门功课始于幼儿期逐渐增加与父母分开的时间；

6. 你不能要求孩子表现那些你不愿意给他们的东西。

第八章　动机律：超越"因为我是妈妈"

我（约翰·汤森德博士）最近在一个"父子出游"的旅途中，无意间听到两位父亲的对话，给了我一个学习的经验。

"我觉得兰迪最近的态度真的问题很大。"第一位父亲说，"我告诉他去倒垃圾或做功课，他就会去做，但是他抱怨很多，显得很不高兴，我觉得他的动机很不对。"

沉默了一阵子，第二位父亲回答说："埃德，我听了很难过，但是你可能需要靠在另一个人的肩膀上哭一哭，因为我的麦克到现在连垃圾桶在哪儿都还不知道呢！"

两位不同的父亲在谈两件事，一个人的孩子有着很差劲的动机和态度，另一个人的孩子还没有到讲这个问题的解决办法的程度。

乍看之下，你可能会觉得奇怪，动机和帮助孩子培养界线有什么关系？如果你是处在第二位父亲的情况下，有这种疑问的确很正常。有许多父母正在与失控、无礼、被动、退缩，或好议论、爱操纵人的孩子奋战不休。他们不是在寻找什么"培养好动机"之类的妙方，只是想找出方法来让孩子听话，然后孩子能够做个负责的人，他们就很满意了——"动机"似乎是遥不可及的想法。他们会说："让我先把这个孩子管好，然后再来考虑怎么帮助他有关动机的事吧！"

动机推动我们的行为，是我们外在行动背后的"因"。但通常孩子的行为出问题的时候，我们多半会先注意这个有问题的行为，而不是行为背后的那个原因。就好像家里客厅着火了，你会先关心怎么灭火，而不是先关心火从哪里来。

不过，请等一下！这里有两个非常重要的问题围绕着动机在打转。第一个问题，一旦你得到孩子的注意，动机就变得很重要了。孩子小的时候会清理房间，是因为他不做的话，周末就不能去看电影；但是当这个孩子已经二十岁了，他会需要其他的理由来保持自己的地方干净整齐。

我们会看到，动机在许多层面上影响孩子的品格发展。例如，怕痛苦和怕承受后果的这种不成熟的动机，会帮助幼小的孩子不去做一些事。做父母的不只是要帮助孩子培养为自己的行为做主的能力，也要帮助孩子出于正确的理由去做对的事情，而不是为了害怕处罚才做。你要帮助他学习做个充满爱的人。

假设你要儿子做功课，他好几次离开桌子在那里闲荡，想办法逃避该做的事，因此，你就站在他背后唠叨着直到他把功课做完。

当这样做的时候，你可能暂时赢得了小冲突，最终却输掉了整个战争。因为你儿子完成家庭作业的动机，是不要你站在他背后盯着他，而非想拿好成绩。如果你隔天晚上不在他身边，你想会是什么局面？

许多父母就是陷在这种困境里头，他们对孩子又叫，又骂，又威胁，孩子的态度是：只要爸爸妈妈站在背后，我就乖乖就范。但是孩子到青少年的时候，你可不要离开他们去度小周末噢！他们是很不可靠的！我们听过成千上万的故事讲到，父母简直不敢相信，他们上大学的孩子竟然会参与许多在家里从未被允许的活动。

我有个朋友发现，他们刚上大一的女儿竟然怀孕了，父母的心都碎了。这个女孩子的行为就像个很年幼的孩子，突然得到极大的自由一般，不懂得如何使用。我的朋友在处理这个问题的时候才了解到，他们希望大学会维持他们给孩子同样的保护，但没想到那是不可能的任务。父母所施加于她的外在约束，从未成为她品格的一部分，以致她那些靠外在命令而做出来的行为，显示她还是个孩子，不是个青年人。

与动机有关的第二个问题，是和为人父母的策略有关。疲倦而绝望的母亲或父亲经常会用愚蠢的策略来要挟任性的孩子改变，以便解决问题。他们可能传达让孩子产生愧疚感的信息，或威胁孩子不再爱他们，然后在冷战的关系中获得短暂的缓和状态——这些策略都得不到长远的结果，因为所诉求的策略是出于不正确的动机，不仅发挥不了作用，还会伤害到孩子。

你还记得父母在你不同意他们所说的话或不顺从的时候，沉默地撤回爱所带给你的感觉吗？今天有许多做父母的人，一辈子还在承受这种操纵所带来的苦果。他们结婚以后，受那个制造愧疚感的配偶控制，对羞辱他们的老板和朋友感到愤怒却觉得乏力。

爱孩子的父母必须帮助他们从这种总想要让别人安定和快乐的内心混乱中走出来。"动机"在帮助孩子学习界线上非常重要。父母要如何帮助孩子培养对"爱"和"善行"的正确动机呢？

目标：爱和现实

我妻子和我最近到瑞典去参加研习会，我们有一个礼拜的时间住在主办研习会的夫妇家里。在那段时间，我们不仅认识了这对夫妇，也认识了他们的三个女儿，年龄在八岁到十六岁。

我们对他们家庭的运作方式留下非常深刻的印象，因为每次用餐之后，他们家的每个女儿都知道该做什么工作，父母不需要讲半句话，她们就会站起来，收拾桌子、清洗碗盘，或清理厨房。她们的动作是那样迅速利落，以至我只来得及惊讶房间的干净，却不知道怎么会变成这样。这些孩子并非机器人，她们是会说话、会发表意见的人，也有自己的个性，但是这个家却像机器一样运转。

我问其中一个女孩："你们为什么做家务事都不会抱怨？"她停了一下说："我喜欢帮忙，我也希望我的姐妹们做她们该做的事！"

好吧，在你陷入"多么难让孩子做家务事"的恐惧中之前，先看看这个瑞典女孩的答案吧！她所谈的是"动机"问题。首先，"对家人的爱"是她的动力，她喜欢帮助人；其次，她受到现实要求的影响：如果她做她那一份工作，她的姐妹们也极有可能会这样做，她就不必做额外的工作。

这是一幅应该在孩子心中培养的完美画面——出于对别人的同理心以及尊重现实的要求，我乐意去做对的事情，并避免做错的事情。这是孩子长大成人后，能够用正当的理由承担生活中的责任并以乐意的心情去做的品质保证。

但这不是说，你的目标在于让孩子"享受"他的任务、工作、责任以及自我约束，那位说"你要吃豆豆，你一定会喜欢"的母亲，是在朝着失望前进。

孩子在面对要求时，可能会抗议，或想和你讨价还价，你的目标就是他们最后能够乐意出于正当的理由来负起责任。

动机发展的几个阶段

你如何帮助孩子培养好动机？成长本身就有几个影响的阶段，通过这些阶段来让你引导孩子。这是个必要的过程，你在经过这些阶段时，可能会留意到，你的孩子还只是处在初级阶段，这未必不好，因为这只是让他进入下一个阶段的标记。没有人可以跳过这些阶段，下面的表总结了每个阶段的情形，可帮助我们避免一些常犯的错误。

阶段	要避免的错误
1. 害怕承担后果	生气地处罚孩子。
2. 不成熟的意识观念	对孩子过分严厉或太过放松。
3. 价值观和伦理道德	增加孩子的罪恶感，用羞辱的言辞来教训他。
4. 成熟的爱和内疚	失去对孩子的爱心，过分地批评他。

在我们解释这些阶段之前，要先了解，孩子在成长的过程中及学习限制的事情上，有无数的功课摆在他们面前，而这些功课的要求多半来自你、现实世界以及他们的朋友。这些要求需要建立在"爱"的根基上，因为没有人能够忍受情感关系之外的责任所带来的挫折和痛苦。

人只能够在一种和谐的气氛中将规则和律法内化，否则他们所经历到的，就是令他们厌恶的规条、为难他们的东西，或两者皆具。

如果"界线"对你而言是新的观念，而你想开始培养孩子的界线，请不要从"取缔暴动法案"开始——不要告诉孩子："你给我听着，史密斯家将要来个彻底的大改变了！"要确定你提供孩子感情的交流、支持和爱意。

设立界线与爱孩子并非两者选其一的事，那是个表现你爱他的方法。你要与孩子保持关联，再度肯定你有多么关心他，在他高兴、忧愁时都与他同在，甚至是在他生气的时候、他让你失望的时候，都要表示你爱他。这种联系能够使他成长。

和孩子保持距离以及有条件的爱，是这种根基的大敌。很难和孩子有亲密关系并和孩子保持距离的父母，可能很关心孩子，但孩子常常感受不到，或无法把它传达给孩子，他们的爱是有距离的。如果你很难和孩子建立亲密关系，要加入支援小组，从中学习展现自己的脆弱面，变得更易与人亲近。我们只能给予我们已经得到的东西。

有条件的爱不是稳定不变的爱，当父母亲的爱有条件的时候，他们只会在孩子乖或听话的时候才和孩子有关联，孩子不乖的时候，就收回他们的爱。在这种情况下，孩子从来不会感受到被爱的安全感，而且很难学会基本的信任。如果他犯了什么错的话，就要冒着失去一切对他而言非常重要的事物的危险。如果爱是有条件的，就不可能有学会可言。

因此，首要的是爱，其次才是定界线。

害怕承担后果

当你开始和孩子设定限制并要他承担后果时，几乎可以肯定的是他会考验你、反抗你，并且显出恨意。没有人会喜欢结束派对！然而，当你坚持界线、公平、前后一致，又能够同情他的情绪反应时，他就会开始接受事实——"我不是上帝""妈妈和爸爸比我大"以及"做不被接受的行为是要付出代价而且是痛苦的"——这是个崭新的世界，你得到了他的注意！

虽然如此，孩子还是会尽可能地逃避现实。我最近去看了一场棒球赛，观察到有个六岁的男孩，一直不停地大声发表他的小脑袋瓜里想到的每件事情，搞得坐在他周围的人都很烦。他的父母亲因为怕伤害到他，只是不时地请求他讲话小声一点。对这个男孩来说，这显然太老套了，他知道不予理睬的话，他们很快就会放弃。

终于，坐在他后两排的一个球迷走向他说："小家伙，你真的需要安静一点！"男孩被这个语气坚定的陌生大人给吓住了，之后看球赛的时候就收敛多了。奇怪的是，这对父母并没有因为这个男人的干预而发窘，反倒感觉更有能力去监管孩子——因此，引起孩子的注意永远是第一步。

如果每件事都进行得相当顺利，你们两个人都度过了刚开始的困难阶段，孩子就会发展出对"后果"的健康惧怕心理。新的想法——"我需要想想准备去做的事情是什么？这会要付出什么代价？"就会取代旧的想法——"我有自由在任何时候做我想做的事"。新想法是随着预期的焦虑而来，在孩子的脑海中一个小小的警告灯帮助他彻底想一想，他到底有多么想做他执意要做的事。这对孩子是种福气！

对许多父母而言，这种情况代表了在培养孩子界线上第一个极具意义的胜利。他们会发现："这个东西真管用！"因为他们已经闯入了孩子无所不能的自我中心体系。让孩子知道这个现实，如果他不小心的话，每件事都不会顺顺当当地如他的意！这要经由很多的错误尝试和努力，找出对孩子管用的损失和后果，也需要花许多的精力去守住这条线。

有位父亲告诉我："你需要比孩子多一次坚守立场，如果他破坏规则一万次，你必须坚持一万零一次，然后你就赢了。"有许多父母都记得那个日子，当他们那个不管是两岁还是十六岁的孩子，认知到父母真的因为坚守界线而即将赢得战役时，闪过孩子脸上的那种怀疑和不确定的表情。

小学二年级的埃米有暴力的倾向，她生气的时候会把玩具丢到别人身上。她的母亲定了一条规矩：只要她向别人丢玩具，就永远失去这个玩具。埃米的损失开始增加，妈妈不知道这种"跟珍爱的玩具说再见"的后果是不是真的灌输到埃米的脑海里。

直到有一天，埃米又准备拿玩具向她丢过来，妈妈很快地说："还记得上一次吗？"这个小女孩生平第一次停下挥臂的动作，犹疑了一下，然后把玩具放了下来。

她的母亲说，好像她女儿在跟自己说："我好像记得上次这样做的时候发生了什么不好的事。"埃米开始体会到她的举止和未来之间有重要的关联，有人称这种时候为"孺子可教也"的时刻。

我们要再一次强调，这种对后果的害怕，不是对失去爱的害怕。孩子需要知道，无论他有多么叛逆，你还是会经常地、一致地与他关联，并且在情感上一直与他交流，他只需要关心会失去的自由和可能会有的痛苦就够了。你要给他的信息是："我爱你，但是你选择了某些对你不利的事！"

这是动机的初级阶段。有些理想主义的家长可能会很失望地认为，他们的孩子放下玩具是因为"记得上一次吗"，而不是因为"那是错的"，或是"我不希望伤害你"。但要记住，这个法则足以制止我们失控的自我，使我们能够慢下来听从爱的指引。

在这个阶段，要避免因为你生气或是要处罚他而设下界线。孩子需要控制自己来逃避后果，如果他关心的是如何逃避你的愤怒，或害怕某些严厉的处罚，就不会把界线和后果关联在一起。学习后果的重点在于，让孩子了解，他的问题出在他自己身上，而不在暴怒的父母身上。

请比较下面这两种处理方法：

（1）雷吉，你再把马铃薯片从架子上抓下来，妈妈就真的要生气了！

（2）雷吉，你再把马铃薯片从架子上抓下来，我们就马上到商店外面去罚站；回家后，你要为我跟你一起浪费的这些时间来替我清理厨房。

在第一个场景里，雷吉的问题是生气的母亲，他的选择是安抚她（之后再回过来做同样的事）；或是因为怕别人生气，长大以后变成专门讨好无界线之人的人；要不就是反抗她（因为激怒她很好玩）或忽视她（因为知道在她爆发之前他还有几次机会）。

如果妈妈真的爆发了，却没有任何后果出现，那又何必在乎呢？许多父母已经看到他们用生气的途径来处理问题，减弱了他们对孩子行为的影响力，因为孩子知道处理父母生气的方法，就是调整波长来让自己听不见。

在第二个场景里，雷吉需要想到他未来生活的画面：罚站、清理厨房，或失去玩乐和自由。第二个场景帮助他看到他行为的问题，而不是一个失控的母亲。

用这种方法来看问题，有几件事会发生在孩子身上：

（1）他开始看到自己，而不是去责怪别人。

（2）他发展出一种约束感和自主感（他可以做某些事来决定痛苦的程度）。

（3）他在这个学习过程中绝对不会失去父母的爱。

（4）他知道某人——父母、朋友、老师、老板、警察、军人——比他还大、还强壮，如果他拒绝约束自己，这些比他强的人就会来约束他。

孩子若没有内化这些态度和品格上的美德，就会永远留在"我可以随心所欲"的幻想里头，你要用健康的"害怕后果"，配合现实以及使现实成为他的朋友而非报应，来帮助他。当孩子告诉你，他做家务事的唯一理由是他不想被罚站，你要称赞他，然后帮助他进入第二阶段。

不成熟的意识观念

德鲁的父母很担心，他们想要对这个三岁的儿子保持爱和限制的平衡，但最近德鲁开始了一种他们不太了解的新行为。

德鲁是赛跑小将，他在家里常常用吃奶之力跑来跑去、踢翻家具、跌倒等等，愈来愈具破坏力。他的父母在这方面花了很长的时间和很大的努力，和德鲁谈这个问题，给他适当的奖励和惩罚，让他可以在家里走路时安静一点。然后他们开始看到进展，德鲁的确在家的时候会更加小心谨慎。

有一天德鲁在外边玩耍后冲进家里，没有减慢速度就开始在客厅里狂奔，当爸爸提醒他界线时，听见他对自己说："德鲁！停下来！坏德鲁！"父母亲很担心他开始在严厉地对待自己。

已经开始对后果有健康惧怕感的孩子，通常会开始对自己严厉地说话或批评自己，好像严厉的父母在他们行为不良时所做的一样。这多半适用于已经留意到行为和后果有关联的孩子身上。

德鲁正处在所谓"内化"的过程当中，这是人一生中都会发生的事。他把他的经验和重大的人际关系"内化"到内心里面去。这些经验存在他的脑海里，就像情感记忆一样。从字义上来讲，外在的变成内在的；从某个角度而言，这孩子"消化"了他的经验，而这种经验形成了他看待生命和现实的一部分。

内化是一个深刻的过程，是逐渐灌注生命、爱和价值到我们内心里面。"内化"是使我们有能力去爱、去建立自我约束以及有道德伦理体系的基础，它塑造我们的良知，帮助我们留意对错。

例如，你可能会发现，当你处在一个有压力的情境下，或处理某些问题时，在那个事件中对你重要的人，可能会浮现在你的脑海中，你可能会看到他的脸，或记起他曾经指示你的话语。这是内化的早期阶段，即这种有影响力的关系还不是"我"的经验，而是某个所看重之人的经验。

例如，德鲁听了他父母的话，知道在家里乱跑的危险和后果，当他又这么做时，他不仅记得父母的话，也接收了父母使用的声调，以至他内化了一个"父母"来指引他的行为。

但在德鲁的例子里面，他并没有完全内化父母准确的用词和声调，因为他们虽然跟他讲话时语气坚定，但很和气，并没有用"坏德鲁"这种严厉的话。但就如孩子经常会做的，德鲁把对自己的责备编加在记忆里面。

孩子不会内化百分之百的事实，有些人认为我们的脑子就像一架录影机，会准确地录下所发生的每件事情，然而研究指出，那不是记忆运作的方式。我们会以自己的意见、期望和恐惧来粉饰我们的经验，这也是为什么事实的外在来源如此重要。

培养孩子界线的目标之一，就是让他拥有内在爱的感觉和约束感，而不是靠你一天到晚跟在他身边唠叨个不停，或在他走到门前时就提醒他鞋子要擦干净才能进门。

因此，当你带着爱心，持续地和孩子设立界线，并持守限制时，他就开始塑造一个同在的父母，来为你做你的工作。这个"父母"（或早期意识）形成之初，是采取你的话语和态度来行事，对孩子而言，那还是别人而不是"我"的经验。这也是为什么像德鲁这样年幼的孩子，有时候会以第三人称来跟自己说话，因为他是在回应所有与你混杂在一起的有关负责任问题的情感记忆。

有时候父母太严厉、太专制，甚至暴虐，就会在孩子心中制造非常严苛和不成熟的意识。有时候这些孩子会变得非常沮丧或有罪恶感；另一些时候，他们为了反抗残暴的父母，会以残忍或虐待狂的方式来对待别人。在这种情况下，良知扭曲了，起初帮助激励我们的架构，现在却驱使我们离开爱、离开责任、彼此分离。如果你关心这一方面，要向懂得孩提阶段问题的智者咨询，问问他你是否过于严厉。

孩子的良知形成和发展之后，那股内在的力量就会激发他去爱人和行善，而不只是被人从后头推着走。他不会想要去违抗内在的父母，因为它就像真的父母一样。这是个好消息，因为你不能老在他身边替他做负责任的选择。他需要在操场上、考试的时候，或坐在车子后座时，都知道如何替自己做选择。

你要对孩子的改变保持一贯关爱和注意的态度，如果你和孩子有够好的联系，他也接受你的界线，则你的界线就会成为他的界线。

在这阶段要避免太过严厉或撤回界线这两个极端，就如德鲁的父母考虑去做的一样。我们提到过分严厉的后果，也讲过因愧疚或害怕起冲突而撤回界线的结果，这两者都同样具有破坏性。

那些父母起初不太管的孩子，可能会对父母加诸他的限制和架构感到困惑。他可能会对外在的限制显出愤怒，来让自己觉得安全一些；也可能发展出"受之无愧"感，认为自己可以凌驾于规则之上，或可以避开规则的约束。

请记住，为人父母是要孩子的行为符合客观现实，而非符合被你个人所曲解的现实。你要和那些懂得教育孩子的人保持联系，以便帮助孩子进到动机的第三阶段。

价值观和伦理道德

孩子在与"脑中的声音"合作一阵子之后，会开始把所有这些经验拿出来，放在更观念化的形式里面。当他不顺服的时候，不会听到那么多"德鲁不乖"之类的话，而是听到"这样做是不对的"——这是孩子增加了内在架构和成熟度的表现。他开始内化你的界线成为自己的界线，而不只是模仿你所想的，我们称之为价值观和伦理观的开始。而这个重要的步骤是塑造孩子的信念系统，以及培养他人际关系、道德观念和工作态度的基础。

这时候孩子可能会开始问许多有关价值观的问题，例如"这是不好的用词吗"或是"看这个电视节目可以吗"。他在"了解你的伦理观"以及"想要做出他自己的伦理判断"之间挣扎。这些都是很好的机会，可向他解释你的为人处世之道，并帮助孩子自己对所有这些事情做个结论。

如果孩子还处在"害怕承担后果"的阶段，上述说法可能听起来像在做白日梦，但它确实管用。同时，你也不要认为已经完成了设立限制和界线的工程，因为他还是个孩子，他要有自己的方法尝试在几个层面上成长。有一个阶段他会对"绝对"和"相对"的伦理观念产生怀疑；另一个阶段，他会因为太晚回家又满口酒味，而要偷偷地潜进房子。身为肩负多重使命的父母，你要在这两个阶段上，在他需要你的时候满足他的需要。

你也要避免给孩子愧疚感，或用羞辱的言辞来教训他。由于他现在要运用自知来回应动机的正确与否，以至每天都有很多事情要面对，因此，他对"你在学校不用功让我很困窘"这种说辞特别敏感。在这个阶段的孩子容易落入"做好人"的陷阱，他们想要避免愧疚或羞愧的感觉，你要继续带领他回到"这样做会违反你和我们所拥有的信念"这种现实的原则里面。

成熟的爱和内疚

你继续做孩子所要内化的现实来源时，他就会超越对与错的伦理问题，进步并成长到有更高的动机：爱。当他与别人有更多的联结，就会开始从"亲密关系"的氛围来思考这些抽象的问题。他了解到人与人之间关系的重要性，以至"关心他的人际关系"成为他生命中最有意义的事情。对与错的问题非常重要，但孩子会从更具关系化的角度去理解。

你要孩子为最大的动机——同理心的"爱"下定义，即你愿意别人怎样待你，你也要怎样待人。同理心是爱的最高形式，它使人能够得到帮助并摆脱困境。同理心外在的导因，及以关系为基础的内在动力，激发我们采取关心的行动。

将界线内化的孩子，需要越过"这是对或错"的阶段，进入"这会伤害别人或让人伤心"的层次，你需要帮助他有这种动机。他们违拗的时候，要和他们讨论关系上的后果。换句话说，帮助他从认为"向体重过重的同学开玩笑是不好的"，转成去思考"当孩子们羞辱他的时候他会有什么感觉"。你现在是在帮助孩子做他内在界线的代理人，使他被"对人有同情心"引导和推动。

你要避免"过度批评"或"撤回对孩子的爱"这两种行为。

太严厉地批评或因为他违反界线而撤回对他的爱，通常会导致孩子变成屈从而没有爱心的人。屈从的孩子心存恐惧，无法以爱为基础，自在地去选择爱谁和如何去爱，因为他们是那样地受"避免失去爱"，或"害怕被批评的痛苦"所驱使。你要帮助孩子自由地做选择和自由地去爱。

末了的话

在这个有关动机的界线方面，不要低估我们所讨论的涉及好行为的三种动机。孩子需要关心由于不负责任所带来的痛苦结果，关心他的行为是对或错，以及关心他的行为会带给别人什么样的痛苦。身为父母，你要掌控这些动机，要为孩子创造许多经验，让他来内化并拥有它们。

所有父母都需要设法解决这个现实问题，即界线会给孩子带来痛苦。这是我们下一章所要谈论的。

▲ 看完本章，你需要记住的道理是：

1. 做父母的不只是要帮助孩子培养为自己行为做主的能力，也要帮助孩子出于正确的理由去做对的事情，而不是为了害怕惩罚才做；

2. 首要的是爱，其次才是定界线；

3. 孩子需要知道，无论他有多么叛逆，你还是会经常地、一致地与他关联，并且在情感上一直与他交流；

4. 学习"后果"的重点在于，让孩子了解，他的问题出在他自己身上，而不是在暴怒的父母身上；

5. 有时候父母太严厉、太专制，甚至暴虐，就会在孩子心中制造非常严苛和不成熟的意识；

6. 要帮助孩子自由地做选择和自由地去爱。

第九章　评估律：痛苦可以成为礼物

　　某天我（亨利·克劳德博士）给一位母亲做咨询，关于辅导她和十二岁的女儿设立界线的事。每次我建议她设一个限制给她女儿，都会碰钉子。我所建议的每个基本限制或要她女儿承担的后果，她总是有这个或那个行不通的理由，例如他们的时间表妨碍了她这个做母亲的去贯彻执行啦，家人会受到拖累啦，其他兄弟姐妹会受到不良影响啦，等等，一个接一个。这位母亲很擅长告诉我，为什么我的建议不管用。

　　我问她："你女儿如果不能先把家务事做完，你为什么要让她出去和别人聚会呢？"

　　"如果我不那样做，我们有什么计划要出去的话，就必须找人看孩子才行。"

　　"那就让她负责去找人来看她，然后让她付这笔钱啊，毕竟是她造成问题的呀！"

　　"我认为她找不到人，不过，我们也可能不喜欢她找的人。"

　　我起先以为这位母亲对我没有隐瞒，然而在我的建议一个个被驳回以后，我开始觉得她并没有把实情告诉我。由于她所告诉我的听起来似乎不真实，我便不再为她女儿寻找"正确"的限制，反过来告诉她："坦白说，我认为你做不到，我认为你没办法对女儿采取什么措施，我认为你无法拿掉她的特权和限制她的金钱。"然后，我就盯着她瞧。

起先，她开始用"哦，我当然可以"以及"不对，说真的，我知道她需要这个，我要照这样去做"这类说辞。但我知道这些话只是她对我的责难的辩白而已。因此，我只是看着她，等在那里。

然后，她开始痛哭，说不出话来。在控制住自己的情绪之后，她总算道出真相："我就是无法忍受伤她的心，看她难过对我是太痛苦的事。如果我断绝对她的支援，她就什么都没有了，我不能这么对待她，她自己绝对过不下去的！"

我们再进一步谈下去的时候，我看到很显然这个妇人深受女儿的伤痛所苦，然而，问题是她并不了解那是什么"痛苦"。

我问她："你为什么认为我给你的建议会伤害她？"

"你从来没有听到过当我跟她说'不'的时候，有多可怕！有时，她可以哭泣并把身体缩在一起很久，觉得我抛弃了她，不再爱她了。"

"我再问你同样的问题，为什么你认为那些限制会伤害她？"

"我才告诉过你，我那样做过，那伤害她很深！"

"第一，你从来没有真正'做过'，"我回答说，"你是开始了，但从未贯彻到底，而没有贯彻到底的原因，是你不知道如何评量她的痛苦。你因为她尖叫，就以为是在伤害她。我认为你一点都没有伤到她，你是在帮助她，只是感觉不太好而已。"

这个见解，结果证明是对的。这位母亲不知道如何评量女儿的痛苦。简单来说，她不知道"伤痛"和"伤害"的区别何在。我所建议的界线绝对会让她的女儿感到"伤痛"，但不会"伤害"到她。"伤痛"意味着，一个孩子可能因为受管教而觉得很难过，或自信心受损，或失去某些她所看重的东西；"伤害"则意味着，直接伤害她本人，予以批评、攻击、遗弃，或不供应她所需要的东西。父母若要培养孩子的界线，就必须学会这种区分。

痛苦和成长

在为人父母和生活里面的第一门功课，就是"成长包含着痛苦"；第二门功课是"并非所有的痛苦都伴生成长"。学习将二者分开，是使某个人从保持原状到超越原来的自己之关键。

我在初中打篮球的时候，教练在更衣室里挂了一面大旗，上面写着："没有痛苦就不会赢球。"这个警句成为我们训练时的座右铭，帮助我们超越自以为无法忍受的程度。

我从前经历过这句话的真实性，但不曾像这次那样地理解它。如果我没有挣扎过，就不能在必须做的事情上做得更好，这门功课对我未来的人生非常管用。如果你是个独立的人，你会习惯做一些觉得"痛"的事情，得到某些想要的东西。

例如，当我在写这篇文章的时候，我非常累，因为我才出远门回来，很不想写文章；而且这是个周末，我不喜欢在周末工作。另一方面，我最近的时间安排得不是很好，工作都耽搁了，但是当我在写书的时候，我也知道继续努力下去，是得到我想要的结果的唯一方法。因为我想要这本书出版，我想要为人父母的你拥有这本书，我要完成我认为我应该去做的事。而且，如果书卖出去，我也能够有钱养家糊口。

当我这么晚还在写书的时候，我也对此抱怨诉苦，但还好没有人听见。然而，如果我打电话给妈妈，向她哭诉说，写作有多困难，在今天的世界要让事情样样顺当有多困难，现实的生活是多么残酷等等，会怎样呢？如果她自己没有界线，对我的痛苦感到"难过"，寄来一张支票给我，会怎样呢？如果她很"同情"地听我诉苦，也同意我不应该逼自己太甚，又会怎样呢？（别担心，这只是说笑而已，但是我是个很会抱怨的人，本可以对相依为命的母亲说那番话的。）我也可以就此放弃，从痛苦中解脱出来，没有完成也无所谓。

我的确记得在六年级的时候，有一天就曾这样试验我的母亲。我有过白细胞增多症，整个月没有去上学，回学校上课时，需要赶的功课太多了，我给压得透不过气来。记得我跑到妈妈身边说："我今天不要去上学，我受不了，我再也读不下去了！"

至今我仍忘不了她所说的话，她讲话的内容和表情都历历在目："有时候我也不想去工作，但是我必须去！"然后她抱抱我，要我准备去上学。

我很受伤，我很累，我很痛苦，但妈妈知道继续往前走不会伤害到我。她评量了我的痛苦——学习中的一时痛苦——然后鼓励我继续向前。今天我很感谢她的界线，没有这些界线，我的人生必定充满了半成品和未完成的目标。后来我和她谈到这件事，她告诉我另一段以前从未听过的故事。

我四岁的时候，一种儿童骨疾导致我两年不能使用左腿，有时候我需要坐轮椅；有时候需要套上支架，用拐杖走路。我无法和其他小朋友到处去玩耍。

你可以想象我的父母看我这样有多难受。然而，当我看家里所拍的纪录影片，看到一个活泼的小子自己推着轮椅玩遍动物园、参加朋友的庆生会、戴着支架挂着拐杖蹦跳，我才知道，对一个跛腿的孩子而言，我做的可是够多的。

我从来不知道我的父母需要经历这一切，才能帮助我成为这么自立自强的人。整形外科医生告诉他们，如果他们凡事都帮我做的话，就会"毁了"我。那位女医生告诉他们，他们必须让我经历学习如何用拐杖走路、操作轮椅、跟别人解释我出了什么问题的种种痛苦。

父母看着我在挣扎时，真是痛苦极了。他们已经为这个四岁的儿子失去像其他孩子自如的行动能力而难过，还必须在我因为要套支架而哭，或是在我疼痛的时候，不但不能"救"我，还要为我想用坏的脚走路（这会让我一辈子畸形）而打我。母亲后来透露说，她管教我之后就得打电话给朋友好好哭一场。

母亲也告诉我，有一天我挣扎着要走上一座楼梯，她听到有人说："你能相信这对父母竟然让孩子这样做吗？他们真是残忍！"但是她能够守住界线。又有一天，我的拐杖在邮局前面的大理石台阶上打滑了，我跌倒了，身体颤抖，皮肤被撞瘀、划伤，但是母亲继续让我自己上台阶。

我哭闹、抱怨，尝试用四岁孩子所能想到的把戏，想要操纵父母不要让我受这种学习自立自强的痛苦，但是他们守住界线，最后我们都通过了考验。

结果，我很快就能和其他小朋友一起到处玩，过相当活跃和正常的生活，而且最后我的腿痊愈了。今天我很感谢他们让我经历过那些令我"伤痛"，但却未"伤害"我的痛苦。

那些把孩子的每一次哭闹和抱怨都当成需要极度关怀的表示的父母，绝对不会培养出孩子的界线和品格。当孩子因为功课、家务事或因为未尽责任而失去机会，来哭哭闹闹时，你要怎么做？你对这个问题的回答，将会影响孩子的一生。

评量痛苦的四个原则

原则一：不要让孩子的痛苦控制你的行动

为孩子立界线始于父母自己有好的界线，果断的父母懂得控制自己。如果孩子以违抗你的界线来控制你的决定，你就不再是带着决心来做父母了。

泰莉对她十三岁的儿子乔希不肯做功课很烦恼。我们定出一个计划，要求乔希每天晚上要拨出某段时间来做功课，在这段时间内乔希必须待在他读书的地方，除了书本以外不可以有别的东西，并且除了做功课以外，也不可以做其他任何的事情。泰莉没有把握乔希在那段时间会选择读书，她所能把握的就是，乔希在那段时间会坐在书桌前面。然而即使什么都不做，我们也都同意。

我下一次看到泰莉的时候，她看起来很羞愧的样子。她没有按照约定做到我们所商量好的事（孩子没有培养出自律的第一条线索是：父母没有自制力来执行规定）。

我问她："怎么啦？"

"本来都好好的，然后有朋友邀他去看棒球比赛。我说不可以，他做功课的时间还没结束，但是他是那样生气，我没办法和他讲话。他看起来很愤怒也很难过。"

"是啊，"我说，"记得吗，我们早就预料他会这样做的，他痛恨管教。那你下一步怎么做的呢？"

"在我眼中只看到这种要求太让他难过了，我也受不了，所以就让他走了。"

"隔天晚上又怎么样了呢？"我问。心里早已知道会是什么答案。

"他又生气了，也是同样的情形。他一失去机会就会非常难过。"

"让我把这个情况弄清楚，你决定对错的方法，是看他被要求去做某些事情时他的感觉如何，如果他生气，你就认为那样做是错的，是这样吗？"

"我没有那样想过，但我想你是对的，我就是受不了他难过。"

"那你就要了解几个重要的事实——

"第一，你的价值观是由一个不成熟的十三岁孩子的情绪反应来设定，你价值系统的最高指导原则是乔希的高兴与否。

"第二，你没有看到养育孩子的最重要层面之一就是，受挫折是成长的关键要素，从未受过挫折的孩子不会培养出忍受挫折的能力。

"第三，你是在教导他，他有权利永远高高兴兴的，他只需命令别人照他的意思去做事。这些真的是你的价值观吗？"

泰莉沉默下来，开始了解她做了些什么。为了有所改变，她必须在教养孩子的事上，牢记一个重要原则，即孩子的反抗并不能改变事实或对错。孩子在痛苦中并不代表有什么不好的事情发生，反倒是某些好现象可能正在发生。例如，他第一次了解到"现实"的真相，而这种与现实的相遇，绝对不会是个愉快的经验。你若能够对他的痛苦给予同情，但持守你的界线，孩子就会内化这种限制，最终越过这种反抗心理。

管教时所带来的挫折和痛苦，能帮助孩子学习延缓满足感——这是人所能拥有的最重要的品德之一。你如果能够持守界线，同情他的痛苦，那么他的品德就会被培养出来。然而，你若不这样做，明天就还会有同样的战役。如果你在界线的事上力求使孩子免于生气，就是计划在往后的限制里面，面对他更多的怒气。请记住，他的反抗或痛苦并不能决定那是不是一件好的事情。

原则二：把你的痛苦和孩子的痛苦区分开来

泰莉和我最后发现，她是想要脱离自己的痛苦。乔希难过的时候，她也难过，她太过于认同乔希的痛苦。泰莉在孩提时代曾经无数次难过失望，她生命中经历过许多的伤心和失落，结果，当乔希难过的时候，她就假设他的难过和她自己的难过一样深。她认同他的难过到一个不真实的地步——其实失去看一场棒球赛机会的难过，并不同于她在孩提时代那种失落的难过。

泰莉逐渐能够将自己的经验和乔希的体验区分，以至能够让他成长。然而，这对她是困难的，她需要别人帮她做到。她有一些朋友同意在这种时刻支持她——这个策略通常会帮助那些没有界线的父母。还记得我的母亲在要求我用拐杖蹒跚举步时，她必须到另一个房间去哭，打电话给朋友求援。你可能也需要这么做。你要把自己的痛苦和孩子的痛苦分开，我们都必须忍受自己的痛苦。

原则三：帮助孩子认识到，生活不是要逃避痛苦，而是要与痛苦结盟

基本上，当维持原状的痛苦大过改变的痛苦时，我们就会改变。当输掉比赛的痛苦大过训练的痛苦时，我们就会选择训练；当失去工作的痛苦真的大过做那份工作的痛苦时，我们就会改进工作的表现；当父母使"不做家务事"比"做家务事"更加痛苦时，我们就会去学做家务事。

生活不是有关逃避痛苦，而是有关学习好好地面对痛苦。被教导去逃避痛苦的孩子，终归会面对更多生活中不必要遭受的痛

苦。你因为不知道如何尊重他人，而导致人际关系破裂，是件很痛苦的事；你因为缺乏自律而从未能达到目标，也是件很痛苦的事；你因为不知道如何控制花费，而导致经济拮据，也是件很痛苦的事。

上述这些问题都是从倾向逃避暂时挣扎的痛苦、逃避自我约束的痛苦、逃避延迟满足的痛苦而来。我们如果学习放弃马上想要的东西、对那些不按照我们的意思而行的事情感到难过，然后顺应困难境况中的现实要求时，就会有喜乐和成功伴随而来。让孩子承受当下的痛苦，会让他们得到这个教训。

请你比较下表所列内容，看看逃避痛苦的人和接受痛苦的人在往后的人生中会发生什么事。

境况	逃避痛苦的人	接受痛苦的人
在婚姻里面临挣扎	外遇 责怪别人 回家找妈妈 退缩	学习如何更好去爱 预期会有忧伤并原谅 妥协
在工作中遇到困难	辞职不干 责怪老板处理不当 转向酗酒和吸毒 没有好的理由就改行并发展出错误的起步模式	接受别人的建议和批评 改变行为 学习新的技能 回应权威 解决问题

续表

境况	逃避痛苦的人	接受痛苦的人
达不到目标受到挫折	耽搁 用酒精、毒品、食物或性行为来缓解挫败感 放弃 沮丧	把它当作一个认识自我的机会 得到需要获取的新知识 面对自己性格上的弱点 从他人那里得到鼓励 心灵成长
有情感上的压力、痛苦和失落	否认导致这些现象产生的问题 使用像毒品之类的逃避性药物或其他会上瘾的东西 找那些能以药物来助他止痛却不要求他改变的人	接受现实并处理这些感觉 学习用坚定信念、请求支援、面对忧伤及改变认知等这些积极克服困难的模式 丰富精神生活

那些踏进去救孩子免受痛苦的父母，在往后的人生，会解救一个依赖性强、吸毒、酗酒、饮食不当、有购物癖，或是染上其他癖瘾的成人。他们曾经教导孩子，挫折和逆境是不必通过改变自己去面对、去处理的，只需要通过"妈妈""爸爸"的即时满足，当下即可逃避。

你要教导孩子，受苦是件好事。你自己要做出面对问题的榜样；要做出虽然难过但继续向前的榜样；要对孩子觉得"做对的事情很难"给予同情，然后仍然要求他们去做。

我有个朋友面对他那十几岁的儿子的反抗，一般的反应是给他同样的几句话："我了解，蒂姆，生活是很艰难的，但是我相信你做得到！"当这个年轻人变成大人，在遇到困难的事情时，他不会去想："我怎么脱离这种情况？"而是会听到内在一个坚定的声音，要他接受这些挣扎："我了解，蒂姆，生活是很艰难的，但是我相信你做得到！"

原则四：要确定这种痛苦是让人成熟的痛苦，不是有所需求，或让人受伤的痛苦！

我的心理学家朋友告诉我，有一次他的妻子出门一个礼拜，他要身兼母职地照顾三个女儿。在大约第二或第三天早上，他跟四岁的女儿说了好几次，要她赶快准备好上幼儿园，但是她就是在那里磨蹭。

他的挫折感累积到要发怒了，最后，他以不听话后果很严重来威胁她，并且开始发怒。那时候有个问题突然进入他的脑海："如果这是我的病人，我会怎么做？"

他退回来想了一阵，然后，他所做的，就是找出女儿行为背后的原因。这个孩子通常是蛮乖顺的，所以他推测她的磨蹭必定是有个不寻常的原因。他灵机一动，问她："你是不是在想妈妈？"水闸开了，他女儿奔到他的臂弯里开始啜泣，他安慰她、同情她，说他也想念妈妈。

他抱了她一会儿之后，她安静下来，抬起头来说："爸爸，快点，我们该走了！"她去穿衣服，然后就没事了。

孩子的行为通常会传达出一个信息，父母需要评量那个痛苦，来找出这是不是挫折性的痛苦，或是有所需求的痛苦，还是受了伤的痛苦。在我朋友的例子里，这种需要母亲的痛苦导致他女儿的行为，而"限制至上"的处理方法，会让她气馁。有辨别力的父亲评量她的痛苦，最后认为那是有关"想念和需要妈妈"多过"违抗爸爸"的行为表现。

对待小婴孩，这种评量尤其重要。婴孩主要是出于饥饿和孤单的痛苦，而显出反抗行为。会使孩子成熟的挫折，应当是在生命中的第二年才会有其适当的地位，在那时候，管教和界线才变得重要。明智的母亲能够在"婴孩需要换尿布、需要喝奶、需要搂抱、太累或因为需要睡觉而生气"这些事之间做区别。在你要求幼儿处理自己的挫折感之前，要确保他们的需要得到满足。对待婴儿，我们常常失之于满足所需。

大的孩子之所以会行为不当，不仅出于违抗或逃避现实，也有如下这些重要原因：

◇从父母和他人处而来的受伤感觉。
◇对人际关系中的无力感，以及没有足够的能力来控制
　自己，觉得生气。
◇孩子因为失去父母或在某处被人虐待而受到的
　创伤。
◇医学上及生理上的原因。
◇精神问题，例如，注意力缺失紊乱、抑郁或思维
　障碍。
◇最近家庭结构、时间表、生活形态的改变。

所有这些都是孩子开始有不当行为表现的重要原因。在你假设孩子需要面对现实的后果之前，绝对需要先排除这些因素，然而这些理由并不使孩子豁免面对现实的需要，正如我前面所提自己跛脚的故事。但在行为之下的情绪层面，和行为本身是一样的重要，你可能要带孩子去看儿科医生，确定他身体很健康，或是，你如果怀疑有些事比设界线更需要留意，请务必去找儿科专家诊断。

如果孩子被父亲或母亲激怒，他们就不会对界线有好的反应。查看你自己是不是在做下面这些事：

◇过度控制孩子的生活，使他们没有能力来控制自己的
　生活或做选择。
◇以生气和愧疚感，而不是用同理心和要孩子面对后果
　来管教孩子。
◇没有满足孩子需要你的爱、需要你的关怀，以及给他
　时间的需求。
◇不对孩子的成功给予肯定，而只是评论他们的
　失败。
◇太过要求他们有完美的表现，而没有去欣赏他们的努
　力，并给予他们一般行事的方向。

当你评量孩子的痛苦时，请确定那些痛苦不是从真正的伤害、创伤，或某些真正需要管教以外的事情而来，并且确定使他痛苦的导因不是你。虽然有时正常的父母也会给孩子带来痛苦，但他们会认识到自己的错误并道歉。犯错没有关系，但是逃避犯错的责任，并责怪孩子因父母犯错而出现的行为，是不对的。

视为喜悦

生活并没有把我们从学习管教和忍耐的挣扎及痛苦当中拯救出来。事实上，父母因为疼爱孩子才会随时管教孩子。

宝贵的石头要加以琢磨，才会光滑、发亮；烈火才能炼出纯金；加强锻炼才会使运动员强壮；延迟满足和努力学习，才会使学生成为外科医生。同样地，奋斗会磨炼孩子的品格，等候奖赏

会使孩子学习如何表现得更好，挫折和磨难帮助我们塑造克服困难所需要的品格。

你要评量孩子的痛苦。如果他们急需帮助或受伤，要马上跑过去帮他们，但若他们是在反抗现实的要求，以致不能有下一个阶段的成熟度，你就要同情他们的挣扎，好好处理，但让他们坚持到底，以后他们会感谢你的。

孩子学会看重生命中的痛苦，而不是逃避时，就是准备好解决他们的问题了。但是你想要的，就是让孩子在过程中先采取主动。在下一章我们要告诉你如何使之发生。

◢ **看完本章，你需要记住的道理是：**

1. 在为人父母和生活里面的第一门功课，就是"成长包含着痛苦"；第二门功课是"并非所有的痛苦都伴生成长"；

2. 不要让孩子的痛苦控制你的行动；

3. 把你的痛苦和孩子的痛苦区分开来；

4. 帮助孩子认识到，生活不是要逃避痛苦，而是要与痛苦结盟；

5. 要确定这种痛苦是让人成熟的痛苦，不是有所需求，或让人受伤的痛苦。

第十章　积极律：不必永远发脾气

　　我（约翰·汤森德博士）住的那条街，很多家庭都有小孩。下班后吃晚饭之前，我最喜欢做的事情之一，就是聚集一群孩子在街道上玩垒球。我们在柏油路上用粉笔画垒，用塑胶球棒和泡沫塑料球来打球，从来没有哪户人家的窗户被打破，而且乐趣无穷。

　　某次比赛，六岁的德里克被三振出局，他把球棒甩在地上，叫着说："你们都是笨蛋，我讨厌你们！"然后冲到他家门口，坐在台阶上怒视着我们。

　　我关心德里克情绪不好，便离开比赛走向他，想要劝他回来加入我们，但他不仅不领情，甚至转身背对着我们。最后我只好放弃，回到比赛中，对他失去玩球的机会，和他们那一队少了他一个人而感到遗憾。几分钟以后，德里克站起来，走到外野，继续玩球，好像没有事情发生过一样。

　　两个晚上之后，我们又一起玩另外的投接球游戏。德里克漏接了一球，然后同样的情形又发生了，他又大发脾气地离开。我们按人数重新调整一下，继续玩，德里克冷静下来之后，就再回到我们当中。

　　我起初认为，这没关系，他需要时间冷静一下，把自己的情绪处理好就是了。但后来我了解到两件事：第一，德里克在逃避游戏当中所面对的任何问题，他从来不去处理挫折、失败或思考增进技巧这些事，他发脾气的反应抢先夺去了他的学习机会；第二，他的朋友必须适应他的不成熟，有问题的人是他，但他的朋友却要为此付出代价，我可以从表情和议论看得出他们对他的举止很愤怒。我为他将来交朋友所会产生的问题感到担忧。

下一次看到德里克的时候，我停下来和他说话。我说："德里克，我为你在比赛的时候玩得不愉快感到很难过。要学会一项新的游戏，不是容易的事，但是当你老是玩到一半就离开，不但你失去乐趣，其他孩子也失去一个玩伴。所以我要给你一个新的规定——你在游戏的时候不高兴没关系，我们会帮你学习那些对你来说困难的游戏，但是你不可以半途离开。如果你再这样做，就不可以再回来玩。我希望这会帮助你能坚持跟我们待在一起，因为我们都很喜欢你，也不希望失去你。"

德里克表现得好像他没听到我说的话，不过我已经跟他说得够清楚了。

隔天孩子们和我又一起玩另一场投接球游戏，德里克又漏接了一球。令我失望的是，他又发脾气离开了，就像他以前做过的许多次一样。我们剩下的人继续玩球，几分钟以后，德里克又安安静静地走回外野，像往常一样站在那里。我停止投球，走向他说："德里克，抱歉，下场球再见！"他大怒，发誓再也不跟我们玩，然后离开我们回家去了。

我因为关心德里克父母的反应，便打电话给他们。他们对游戏的规则很支持，也认为德里克的行为有问题，但是不知道该怎么办。

几天以后德里克又老戏重演，我坚持那个限制。

德里克在第三次的时候，总算有所改变了。当他在二垒被触杀出局的时候，他还是抗议，但这次很快安静下来继续玩下去。你可以看到他在处理自己情绪时，脸上挣扎的表情。孩子们和我都为他留下来和我们待在一起而欢呼，然后我们继续玩下去。你可以看得出来他也很以自己为荣，因为他比以前更能够控制自己的行为和反应了。

德里克的例子，在某种程度上说明了在养育孩子和设立界线上，存在于我们每个人身上的问题——"被动反抗"和"主动反应"以及"在反抗中暴跳如雷"和"成熟地回应问题"之间的挣扎。孩子需要学习"不成熟的界线"以及"成熟的界线"之间的区别。你的任务就是帮助他们培养能力来设定适当的界线，而不是爆发情绪或冲动行事。

当孩子反抗时

孩子不是天生就能够自然地做出深思熟虑的行动。他们不是那么容易接受"不"，却很容易就放弃；对于需要继续努力的事，常常在怒气中撒手不管，或拂袖而去。他们对压力采取反弹的态度，而不是去面对。你常常可以看到，在问题的出现和孩子的反应之间，有一个短暂的间隔，而孩子的行动通常不能解决问题。德里克的反应包含了真实的感觉，但并没有帮助他学会玩垒球，或是和其他小朋友相处得更好。他虽然可能很懂得对错误或不好的事加以反抗，但仍是不成熟的反应。

孩子们可能会采取下列的行为反应：

发脾气。原本笑嘻嘻、开开心心的孩子，在你不准他买想要的麦当劳玩具时，突然变成尖叫不休的疯子。其他的顾客瞪着你，为了不让他们以为你在虐待小孩，你就赶快买了玩具了事。

反抗到底。孩子对你所说或所要求的任何事情都予以反抗。他违抗你对他清理房间、自己收拾玩具、做功课，或进屋子来不要待在外头的要求。

哭诉。在面对你的界线或某些其他限制时，孩子立刻开始可怜地哭诉，他可以毫无道理地哭上好几个小时。

冲动。孩子在被人拒绝某些事时就跑开，说一些伤人的话，或是很快地用某种方式表现出来。例如：在超级市场购物时，你要他到这边来，他却急急忙忙跑到另一条走道去。

打架和暴力。孩子用肢体语言来表现生气的反应。他很容易在学校里挑衅打架，在家里乱丢东西，受挫折的时候就欺负弟弟妹妹。

有几个普遍的因素可以描述孩子的被动反抗。

第一，孩子的回应是"反抗"，而不是"行动"——他们的行为是由某些外来的影响力来决定，而不是由自己的价值观或思想来决定。"反抗"的孩子处在一种持续违抗某些人、事、物的状态中，他反抗父母的权威、抗议延迟满足、反对别人没有照他所要的去做。他们不主动去解决问题、满足需要，或帮忙满足别人的需要，而是依赖周遭某些其他的动力。

第二，孩子的反抗是敌对性的——他们就是反对到底。他们所采取的立场就是，反对任何他们不喜欢的事，但也不赞同他们想要或看重的事物。他们会持续地反抗界线，就像在餐厅吃饭的时候，不管父母建议吃什么他们都一律回答"不要"。孩子用他的自由来反对你，以此为手段使你受挫折。

第三，孩子反抗界线非因价值观的驱使。心灵上及情绪上成熟的指标，在于有能力根据自己的价值观念来做决定。但是，按照孩子天然的本性，他的反抗不是经过仔细思考，反倒比较像是医生用橡胶槌轻敲你的膝盖时的自动反射，而不是由更高的认知或心中的价值观念来调适行动。有许多父母曾经被生气的三岁孩子快速冲到满是车子的街道上给吓到，而他这样做只因为父母叫他进门。孩子会很自然也很无知地行事，如果父母不帮助他学习自我控制，他就会成为急躁易怒的人。

反抗界线：必要但不充分

看到这里，你可能会想，反抗界线对孩子是不好的事，然而事实上，这在孩子的成长发展上仍然有其地位。让我们来看看这究竟是什么意思。

必要性

乍看之下，"反抗是必要的"似乎令人困惑。事实上，孩子反抗界线并非坏事，因为这是他们生存和成长所必须学会的事情。孩子需要能够对所反对的、不喜欢的、害怕的事物加以反抗。若不是这样的话，他就会陷在无法自力更生的极大危险当中，成为缺乏自主性或不成熟的人。

反抗坏人坏事是孩子的基本界线，他们需要能力来"弃恶择善"。孩子除非能够避开对他不好的事，否则无法保有和使用所得到的爱。"有能力去反抗"，帮助孩子界定自己，去芜存菁，并培养能力为自己的"宝贝"（亦即品格）负责任。

孩子处在危险当中时，需要学会反抗。例如，在游乐场上被恶霸所欺负的孩子，必须懂得大叫或跑去找人帮忙；如果需要没有得到满足，他也必须要懂得反抗；三个月大的小婴孩需要食物和安慰时，会用大哭来叫妈妈。

然而，孩子反抗的并非都是坏的，生活中有许多的问题和障碍并非都是邪恶或危险的。例如，孩子可能会对你拒绝买"任天堂64"给他，或是你不赞成他对老师的态度，或是你让他在房间里罚坐而反抗你。这些是孩子需要解决的基本问题。他可能需要和某个人谈谈，或是还击、妥协、服从、忍耐、悲伤等等，孩子需要学会这类问题的解决方法，学习成为成熟的大人。

"反抗"表示他认同问题，但不能解决问题，这就是"被动反抗"和"主动回应"之间的差别。"被动反抗界线"显出某些事需要处理；"主动回应界线"则在修补某些已遭破坏的东西。被动反抗界线通常是受情绪驱使、出于冲动、未经三思；主动回应界线乃是以价值为本，经过深思，并着重在解决问题。

在这本帮助孩子约束自己的书里面，这种支持孩子反抗的论点，可能听来让人有点糊涂。然而，没有这种反抗能力的乖顺孩子，通常在往后的人生当中会有很多挣扎。有些人长大以后，很容易被较为霸道的老板、配偶、朋友所掌控及操纵；无法对坏的事情说不的人，很容易被人占便宜或利用。有些人则到成年的生活中才发展出对界线的反抗态度，结果经历了严重的紊乱阶段，在三十五岁的时候表现出两岁孩子的脾气。

人生本来就要经过一些成长的阶段，这些阶段是不能跳过去的。如果我们大致是朝着正确的方向前行，就会走向自主和成熟。

我的小儿子本尼在八或十个月大的时候，我曾经用汤匙喂他压碎的花椰菜。那天我才下班回家，还没有脱下外衣，一点都不知道本尼对花椰菜没兴趣，但他用自己的方法告知我那个事实。

本尼并没有事先让我知道他对花椰菜的反感，他并没有大声说："爹地，我不爱吃花椰菜，我们可以先商量一下吗？我们可以想办法从别的食物来得到我所需要的基本营养，而不要用花椰菜吗？"他只是像许多婴孩对花椰菜所做的那样——把它吐出来，我的外衣就成了他反抗界线的主要目标。这个经验和许多其他的经验，帮助本尼主宰他的感觉、经验和财富。

孩子有许多理由来反抗界线：他们因为无力又无助，所以要反抗；他们因为个性幼稚、不成熟，所以不能忍受延迟满足，也很难想通冲突的原因；他们因为不懂得观察自己和别人，所以很快就去处理挫折情绪，而不顾后果。

通过持续地培养能力和技巧，孩子的被动反抗界线会带来成熟的、喜欢界线的心态和行动。下面是这种心态和行动的进展过程：

孩子天生就会害怕无助，他怕受伤害、怕失去爱、怕死，他没有什么能力来照顾或保护自己。

孩子变得出于害怕而顺从，因为他害怕抗拒之后的结果。他会忍受那些不喜欢的事情，例如，意愿得不到满足、挫折感、父母不在，甚至虐待等等。

如果有足够的爱让他觉得有安全感，他就会开始安心地表达对不喜欢或不想要之事物的愤怒。

他用流泪、发脾气或出走，来表达他对界线的反抗和反对。

这些界线让他可以认同自己，并认清有待解决的问题。他开始可以自在地说出"不要"或是"可以"。

随着父母的支持和引导，孩子培养出基于更高层次动机的"主动回应界线"，他不再需要因为觉得无助和被人控制而发脾气，因为他能够控制自己。

不充分

当我们看到上面所述的前后关系，会发现单是被动地反抗界线，不足以过上成功的成人生活。"反抗"是会保护和帮助孩子免受坏事的影响，但仅作为一种状态，不是认同本身。

光是被动地反抗界线还不够的理由是，从未超越被动反抗界线的孩子，会发展出一种受害者情结。长大成人以后，他们会觉得受人控制，受外在力量，如配偶、老板、政府或命运所强迫。他们看不出自己有任何选择的余地，因此就留在无助的状态，把生活中大部分的挣扎归咎于外因，而不认为是自己内在的问题。

也因为这样，他们永远无法在生活中有所改进，因为对他而言，"从外在而来的问题真的无法解决"。其实，我们大部分的痛苦是出于自己混乱的态度，或对别人混乱态度的反应。当我们了解了这一点，就能够自由地做选择。

另一个理由是，孩子的成长不只是靠所憎恶的人、事、物来界定，被动反抗界线只在孩子所反抗的事上帮助他们。维持在反抗阶段的孩子，很难交到朋友或留住朋友，不但很难和拥有权威的人相处，也很难达到目标，找不到自己的天赋、兴趣和热情。他们是那样地投入在"反抗"之中，以致无法培养出"赞同"。就如德里克很难交到朋友，因为他发展出反团队、反规则和反合作的坏名声。

但孩子如果对每件事情都乖顺、安静地回应，也可能有问题。就像本尼，若他事事服从可能就延迟了吐花椰菜的时间！与其结婚以后才这样做，不如现在就反抗。鼓励孩子为自己想一想，告诉他可以不同意一些事情，鼓励他谈谈他在接受你的权威时的感觉。"被动反抗"帮助孩子寻找自己的界线，但是，一旦他找出界线，知道自己不喜欢的是什么，并不代表他可以通过找人报复、逃避问题，或不负责任，来放纵自己的情感。

主动回应界线

过去几个秋季我一直担任青少年的足球教练。第一天练习的时候，我们把孩子聚在一起，开始说明技巧和策略。几分钟之内我就看得出哪个孩子会反抗界线，哪个孩子会回应界线。

从一方面来说，那些会反抗界线的孩子不喜欢听人指挥，他们互相戳来戳去，很容易被激怒，对未能马上完成的训练显得很厌烦，你只能希望他过了一季以后会有进步；另一方面，那些主动回应界线的孩子，会专心听讲，犯错之后会从中学习，如果不喜欢某些事或需要什么东西，会讲出来。

例如，反抗界线的男孩会很厌烦地说教练很坏，因为教练的要求太严格；而主动回应界线的男孩会请教练让他休息一下或要些水喝。

孩子主动回应界线的态度，是从被动反抗界线中慢慢成熟的。下面是主动回应界线的表现，其中包含帮助孩子发展这种态度的方法。

主动回应界线乃是从"认明"问题，超越到"解决"问题。孩子需要知道，他的反抗只是认清楚问题，不是在解决问题。发脾气不能解决任何事情，他需要以这种感觉去激发自己采取行动，指出眼前的问题，好好思考要做什么回应，并且在可行的解决之道中选择最好的一个。

你要用孩子已经体验过的被动性反抗界线，帮助他完成这项工作。虽然你同情他的怒气和挫折感，但要让他知道，唯一结束问题的方法，就是自己去解决。

你可以跟他这么说："我知道你对需要关掉电视先去做功课

很生气，做功课当然不像玩乐那样有趣，但是你如果为了电视来和我争吵，就是在选择一整个礼拜不看电视，我认为你不想这么做。因此，你有方法来让我知道你对要关掉电视感到很失望，但还是去做我说的事情吗？"

他试验过几次以后，就会从经验中肯定你对所设的界线有多认真。当你跟他说，他可以用适当的方式让你知道他讨厌做功课时，通常在这种时候，典型的表现就是："哦！妈妈！我讨厌做功课！"然后，从沙发上站起来，拿出铅笔来。

请记住，你的工作不是让他喜欢离开电视去做功课，而是鼓励他负起责任来做对的事情。他需要靠自己的意见和感受来发展自己的认同感。有些父母和老师会要求孩子："做我要你做的，而且要喜欢它！"他们坚持孩子在行为和态度上要一致。这种做法不但未考虑到孩子的感受，而且惹恼孩子，让他气馁。

主动回应界线包括了孩子对事情的赞同和反对两方面。被动反抗界线帮助孩子认同什么是"非我"，以及他们不喜欢的是什么。然而，成熟不仅止于此。孩子需要知道他们是什么，不是什么；他们爱什么，不爱什么。当他们发展对朋友、兴趣、工作、才艺的喜爱时，就会被美好和正确的事所驱使和激励。

你要帮助孩子发展主动回应界线里面"赞同"的那一面。当被动反抗界线出问题时，通常是很好的学习情境。当孩子觉得可以安心地表达反对意见和他的厌恶时，也会有更开放的心胸聆听父母的教导。你要告诉孩子："我了解你对今天晚上不能和朋友出去很生气，但是我们认为你花时间和家人在一起以及做功课，是很重要的事。我们说'不准'，不是因为要对你不好。"

我认识一个家庭，他们七岁的儿子泰勒正处在和母亲之间的权力大斗争之中。他对她所说的任何"去做"或是"不准去做"

都要反抗，他对界线的反抗既明显又持续。最后他母亲到他卧室去要和他谈话，她一打开门，挂在门口上端的杯子就翻倒下来，从头到脚洒了她一身牛奶。

任何父母在这种时候都会爆发脾气的，但是泰勒的母亲没有发火，她脸上滴着牛奶，但是平静地说："儿子啊，这是很严重的事，我会花些时间好好想一想该如何处置你，我会让你知道的！"下面几个小时对泰勒而言，就像等在监狱里受酷刑一样。那时候他的母亲请先生来和她一起做了个计划，这个计划包括限制泰勒的时间，例如不准看电视、限制他在外头玩的时间、限制他和朋友在一起的时间，以及必须让他承担后果，像洗地毯以及学习如何用洗衣机来清洗妈妈的衣服等。

后面的发展帮助泰勒从被动反抗界线进展到主动回应界线的层次。他为了逃避"自己像个坏孩子"的感觉，便就这件事跟爸爸开玩笑说："爸，你不觉得很好玩吗？"

他的父亲摆出严肃的面孔说："不，儿子，你那样做真的很恶劣，你的怒气发得太过火了，这让你妈妈实在太难堪了！"

"但是，我看过这样的表演，是很好玩的把戏呀！"

"泰勒，"他父亲坚定但不严厉地说，"我真的不认为这种行为有什么好玩的，一点也不好玩！"

几个小时之后，泰勒的妈妈听到他在跟妹妹说："凯莉，不要笑，倒牛奶的把戏不是好玩的事情，它可是伤害人的！"泰勒对凯莉的界线和他当时对妈妈所做的，简直天壤之别。那是以爱为本，且是深思熟虑的态度。泰勒从母亲身上尝到自食恶果的滋味，从父亲口中知道了现实的界线，因此得以从被动反抗界线的态度，转变成以同理心作为出发点，也培养出关心别人感受的态度。

通常在你对孩子被动反抗界线的态度，予以同理心但不让步之后，才会有这种改变。孩子会接受你爱心的界线，淡化他自己所设的那条粗野的界线。孩子有时候在一个像这样的事件发生之后，会经历短暂类似"黄金"般的美好时段，他们会未经别人请求就主动帮人，没有太多抗拒就顺从要求。

你如果曾经因为生气而撤回对他的爱，或攻击他，那么他在这个时段可能会想办法与你重修旧好。但是你如果保持和孩子的依恋，上述这种行为就一定会出现，因为他在你的许可范围内做到了，觉得不是那么无法控制自己，不是那么容易冲动，也觉得有安全感。然后，这就使他对家人有了感激和温暖的感觉。容我重申，这就是主动回应界线的本质。

主动回应界线意味着孩子不受他人的控制。被动反抗界线的孩子和一直处在反抗状态中的孩子，仍然是在依赖别人。他就像乒乓球一样，从父母跳到兄弟姐妹，再跳到朋友，抱怨别人没有善待他。促使他们感觉和行动的，是别人对他做了什么。而那些主动回应界线的孩子并不受别人的控制所驱使，他们有所谓的内在控制点，亦即他们如何看待生命、他们的决定以及对环境的反应，都是受自己内在的价值观和现实所导引。

你可以帮助孩子达到这种成熟界线的重要层面。当他处在被动的"反抗模式"时，要记得认可他的感觉，但仍然坚持你的限制或要他承担后果，然后说："你知道吗？你越和我争吵，就越没时间去做你爱做的事，然后你就得上床去。如果你愿意的话，我很乐意现在就停止争论，然后你可以去玩，你认为呢？"

如果孩子还要继续吵下去，以为你只是说说而已，不是当真，你不要放弃，但也不要再和他讲下去，只要坚持立场。他最终就会明白，如果他不肯放弃和你唱反调，他宝贵的时间就会被控制在你的手中。你要他上床去睡觉以及减少他玩的时间，会帮助他学习把握时间的原则：要爱惜光阴。

通常"敏感的孩子"会对这种界线的成长感到烦恼，他很容易因别人对他或真实或感觉上的不友善受到伤害。他寻求妈妈的安慰，因为她总是尽力安抚他的心，然后他出去又再次受人伤害。当他大到可以上学的时候，那些比较强硬的孩子嗅得出他的"气味"，就会要来置他于"死地"，最后他得到一个"容易上当者"的名声。

敏感的孩子通常很依赖别人的反应，而不是他自己的价值观。如果每个人对他好，和他意见相同，则世界上什么事都是对的。他有个幼稚的想法，希望跟所有的人全然亲密，没有不和也没有冲突。如果你的孩子有这种倾向，你需要帮助他用主动回应界线的态度，获得更多内在的控制，并且帮助他脱离这种悲惨的境遇，获得自由。

我的朋友简有个女儿有这种问题。九岁的布里塔妮常一回到家就开始哭，因为别人对她不好。简先了解到底问题出在哪里，她发现有时候别人是很坏没错，但有时候只是小孩子的恶作剧而已。简发现她虽用了许多的肯定与鼓励跟女儿一起处理朋友的事情，却仍无法解决问题，所以她来找我谈。我们发现简在不知不觉当中，不是在为布里塔妮的挣扎提供解决之道，自己反倒成了女儿的问题。

简会花好几个小时的时间，仔细倾听布里塔妮每个细微的想法、感受或所经历的活动等等。虽然花掉整天的时间来听女儿说话，她还是很有耐心。时间一久，简发现布里塔妮只是想要有更多和人联系的时间，布里塔妮需要妈妈和她一起处理她的情绪，这比她兄弟姐妹的需求来得多。

简的投入，让布里塔妮相当依赖她。布里塔妮对自己没信心，她觉得自己没办法照顾自己，因为妈妈总是在身边。然后，当朋友和她吵架时，她就没有内在的资源来回应。她觉得没人爱、无助，也觉得受朋友的控制，所以不知不觉中，她也在控制简，因为简没有持守对女儿的界线。布里塔妮没有去控制那些她该控制的（例如与朋友的关系），却去控制她不该控制的（妈妈的时间），因此，她仍然保留在"被动反抗"的状态。

简了解所有这些情况以后，坐下来和女儿解释说："小乖乖，我很爱你，我也喜欢我们在一起的时间，但是我没有足够的时间来听你的每个想法和每种感受，我也要你为自己的情绪负起责任。我知道你可以思考和处理这些情绪，所以，从现在开始，我每天晚上只会给你二十分钟的时间谈你的事。除非真的有很大的问题不能等，你可以马上跟我讲。因此，你要确定所要告诉我的事真的是对你最重要的事。"

当然，简给布里塔妮的时间不止这些，但那是唯一真正"计时"的时间。布里塔妮不喜欢，想要试探这个界线，但是简坚持下去，结果看到女儿在与朋友的关系上，逐渐培养出更多的自信，也较少流眼泪了。布里塔妮变得更能主动照顾自己，有两次竟然忘了跟妈妈分享，因为妈妈在忙别的事。她脱离了他人的控制，也不再受母亲的控制，或控制母亲。

主动回应界线非关报复和公平，而关乎负责任之事。被动反抗界线是用"以眼还眼"的方式来行事，如果孩子推了人，那个被推的孩子就回推他一把，这种"以其人之道，还治其人之身"的做法，是从"公平"和"报复"的动机引发出来的。然而，主动回应界线关乎更高的动机，例如责任感、正义感，以及对别人的爱。不要以恶报恶，孩子应当关心的是，如何压制自己内心的恶和制止别人做恶事，而不是如何报复。

　　我们支持那些可以帮助孩子照顾自己的事情，例如"如何自卫"的课程，可以帮助孩子学习保护自己，并有自信和其他孩子来往。然而，我们不支持"孩子生气时应该和人打架"这种观念，因为这就把反抗界线和回应界线混淆了。

　　被动反抗界线要求报复。许多好斗的成人，在巨大的权力斗争里面，不能守住工作和婚姻，就是因为他们从来没有脱离孩提时代的反抗状态，他们就是放不开那份冤屈或羞辱，无法向前走。

　　主动回应界线的人，却是以截然不同的方法来行事。他们不会让自己被人欺负、被人伤害，但也不是去反抗每个在游乐场上欺负人的太保。

　　有个好方法可以帮助我们看出两者的区别：被动反抗界线的人会去和那些经常惹怒他的朋友打架，主动回应界线的人会自己决定需不需要那一类的朋友。

　　对父母而言有个相关的问题是"要求公平"。例如，孩子对你处理某些问题的反应是"不公平"时，你要不就是对不能全然公平感到愧疚，要不就是和孩子一起反对那个坏孩子或老师。但这会让孩子一直停留在反抗的状态，助长他觉得自己是个受害人的心态，总是希望世界上的人要公平对待他。

　　你反倒要告诉孩子："你说得没错，有很多事情的确不公平，而有时候当你该受处罚时我放你一马，这也不公平。你的需要对我很重要，但全然公平对我并不重要。在这个家里面，只要你好好的，对你就是很公平了！"这样的说辞会帮助孩子把焦点放在满足自己的需要上，而不是去评论这个世界对他是否公平。

培养主动回应界线的技巧

主动回应界线是需要重复学习的，它是从被动反抗界线的矿石中提炼出来的精金。你需要教导孩子几样技巧，当这些技巧和他反抗的立足点相结合时，会使他成为有自制力、有价值观的人。我们要在下面列出几点技巧，请你着手去做直到拥有它们为止。如果你没有这些技巧，让孩子知道，然后你们一起学习。

"时机恰当"在这里很重要。你们还在打仗的时候，不要仔细来看这些技巧，等到孩子到达可教的地步，在他几次攻击你的界线失败之后，再逐渐地和他练习这些技巧。

暂停不要有反应。当孩子马上采取反抗态度时，让他重复几次想要他做的行动，每次和他好好谈一谈，直到他明白他不需要反抗为止。会生气甩门的孩子需要明白，纵使在大怒当中，他也能够轻轻地关门二三十次。

观察。帮助孩子做他自己的学生，回顾那个事件，帮助他看到在他挫折之外的其他现实之处。

观点。孩子需要知道你对他发飙的看法。他认为自己的感觉是绝对的真理，你要帮助他明白他的感觉就是感觉，而且感觉是会消失的，感觉并不总是给我们看到绝对的现实，别人的感觉也很重要。

解决问题。帮助孩子看到解决问题的其他选择，或是其他让自己的需要得到满足的方法。例如，如果鲍比不和你玩，为什么不试试看和比利玩呢？

现实。帮助孩子学会妥协和谈判，结果不是非黑即白的。他需要知道，虽然他的需求不能够完全得到满足，但足够好就足够了。例如，他可能在学校的表演中不是当主角，但是他扮演的那个角色是好角色就够了。

主动。孩子需要了解除非他主动处理问题，否则就会对同样的问题永远有相同的反应，这样问题就永远得不到解决。听听电台脱口秀主持人说的话："为什么人们每天都在抱怨同样老掉牙的事情？"请不要再强调抱怨，要促使他做个解决问题的人。

请教他人。 如果你已经尽力做了一切，不知道还能做什么，请教一些你信任的人。不要做独行其是的父母。

结论

父母需要担心各种各样的事情。如果孩子从来没有发过脾气，你就要担心了；但是如果孩子发太多脾气，并且被困在反抗性的阶段，你也要担心。你可以用充满爱但坚定的立场，帮助孩子从被动反抗界线，成熟地进到以爱和现实为基础的主动回应界线里面，帮助他为自己的生活、个性和道德观做主。

如果说有什么事情会毁了孩子的正直和节制，那就是"好说闲话"，或是心理学家所称的"三角关系术"。在下一章你会学习如何帮助孩子在人际关系方面显露他的界线。

▲ **看完本章，你需要记住的道理是：**

1. 在问题的出现和孩子的反应之间，有一个短暂的间隔，而孩子的行动通常不能解决问题；

2. 孩子的反抗是敌对性的——他们就是反对到底；

3. 孩子处在危险当中时，需要学会反抗——孩子反抗的并非都是坏的；

4. 维持在反抗阶段的孩子，很难交到朋友或留住朋友；

5. 被动反抗界线的人会去和那些经常惹怒他的朋友打架，主动回应界线的人会自己决定需不需要那一类的朋友；

6. 请不要强调抱怨，要促使孩子做个解决问题的人。

第十一章 嫉妒律：懂得感恩更快乐

如果以下的说辞听起来很熟悉，这表示你需要处理有关孩子嫉妒的事情。

"人家苏茜都有！"

"我好无聊噢！"

"这个玩具我玩腻了，我要那一个！"

"不公平，是乔伊先开始的！"

只要有孩子，你就得处理嫉妒的问题。

嫉妒是人类情绪中最卑劣的一部分，从某个程度来说，所有的人都会嫉妒。但正如你所留意到的，并非所有的人都具有同等程度的嫉妒心，也不是每个人的生活都受嫉妒所支配。请观察周围你所认识的成人，看看能不能辨识出来，在某些比较不快乐的人身上，"嫉妒"是如何扮演它的角色。嫉妒的人会有如下的表现：

◇渴望拥有更多物质上的东西。

◇对配偶感到厌烦，想要找新的刺激。

◇无法对已经拥有的东西感到满足，也不觉得享受。

◇常常想要跟同事或邻居比社会地位或经济条件。

◇过度看重地位、权力、身份、财富。

◇对工作或职业一直觉得不满意。

◇对那些有权势、地位、才干，或拥有很多东西的人，
常存批评的态度。

◇嫉妒阶层比自己高的人。

◇经常觉得自己该受特殊礼遇，要别人视他们为"特殊
人物"。

◇他们不屑于别人的批评或质问。

然而，嫉妒最可悲的一面，就是那个嫉妒的人一直觉得很空虚，没有什么事情够好，没有什么事物可以满足他们，无论成就了什么或获得了什么，其中都有不对劲的地方。在他们的生活里面，永远没有满足的时候。

对孩子而言，嫉妒就是不停地"想要更多"。一般而言，孩子在接受界线之下成长时，这个问题到某个程度就会消失。本章的目的就是要教导你如何将孩提时代正常的嫉妒心理，转换成接受、感恩和满足的心态。

"受之无愧"与"感恩心理"的比较

我们很难指出哪一种性格倾向会致使人们的生活最不幸，但要提出几种入围的特性并不困难！的确，在三四个具破坏力的特性里面，最有害的，莫过于拥有"受之无愧"的特性。"受之无愧"就是指，某人似乎觉得每个人都欠了他东西，或是认为因为他存在，别人就必须给他特殊待遇。

有这种性格倾向的人，认为他应该享有特权、受到特殊待遇、拥有别人所拥有的东西、受人尊重、被人爱，或得到任何他

想要的事物。当他得不到想要的东西时，他就觉得那个没有给他所要东西的人是"错的"。他反抗那个人，好像他自己是牺牲品，遭受别人、机构、上天，或任何他所索求对象的恶劣对待。他带着"你应该……"的态度，总是要求别人给他某些东西。

这种人到成年的时候，常常认为有权在工作上得到升迁、加薪，或本非他该得的特权；在婚姻关系里面，他批评配偶为他做得不够多，或不在他觉得有需要的事情上让步。过一阵子之后，雇主或配偶就对这些抱怨和责任感到厌烦了——到最后呢？也厌倦了这个人。

起先孩子认为他有权力控制别人，想要什么的时候就非到手不可，得不到就抗议。婴儿在早期阶段的确需要立即得到注意和照顾，但在他们得到这些关注也长大一些之后，如果还一直认为他有这种权力，而不愿意去顺应现实，也不能配合其他的人，就会养成惹人厌的个性。

然后，他会觉得有权力不必受苦、不必做事、不必按照规矩行事，也不必受界线规范。

接着，他会觉得有权力得到别人所拥有的东西。因此，他在家里就会反复用到下列说辞："苏茜可以出去玩，我也可以啊！"或是"苏茜有，为什么我就没有？"

他们带着"别人有，我也要有"的心态来强求父母。你会常常看到下面这种现象的发生。有个孩子高高兴兴地玩玩具，似乎自得其乐的样子。突然间，他看到另一个孩子有某个玩具，是他更喜欢的，他就嫉妒了，手边的玩具变得一点都不好玩了。然后，如果他得不到那个玩具，他就抗议，因为他认为有权力得到它。

嫉妒和"受之无愧"的反面是"感恩"。感恩的心来自觉得白白地得到一些东西，不是因为我配得，而是因为别人善意地给予我的。我们在爱中觉得感恩，珍惜所得到的一切，而且更重要的，是觉得"能拥有这一切真是幸福"。

这和"只拥有这些好像被骗了"的"受之无愧"和嫉妒，是截然的对比。感恩的人既满足又充满快乐，嫉妒的人既可怜又充满怨恨。没有人喜欢和心存嫉妒又自认"受之无愧"的人在一起，每个人都喜欢和有感恩心态的人在一起。

嫉妒和感恩这两种心态，与一个人真正得到的东西没有太大关系，却与他的品格有更大的关系。你把东西给具有"受之无愧"、嫉妒心态的人，对他们和对你都没有什么益处，他们只是觉得你总算还了欠他们的债；你把东西给懂得感恩的人，他们会觉得自己真是幸福，也觉得你真是好人。父母需要帮助孩子处理"受之无愧"和嫉妒的心态，让孩子朝着懂得感恩的境界迈进。

两个妈妈（爸爸）的问题

孩子来到世界上的时候，对关系上的本质感到困惑，他们心里面并不认为是在和一个人交接，而是和两个妈妈（或两个爸爸）交接。对他而言，只有好妈妈（爸爸）或坏妈妈（爸爸）之分。好的那一个会满足他，当他饿了、有需要了，只要一抗议，好妈妈就来解除他的压力，他得到满足的时候，就认为这是个"好妈妈"；然而，他如果想要某些东西却没有随即送来，他的愿望受到挫折，则那个没有满足他的人就被看成是"坏妈妈"。

你可能还很清楚地记得，当孩子听到你说"不可以"的时候，他说你是"坏妈妈"。这并非不寻常，而是普遍皆有的现象。

有些人到了成年还没有解决这个问题。你如果做他想要的，他就很爱你，觉得你是好人；如果跟他说"不"，他就因为你不给他想要的，说你是坏人，是罪大恶极的人！然后，当你满足他了，他又认为你是个好人。

这一点的另一面，是孩子心里面会有什么想法。他们得到想要的东西时，就会觉得自己是"该得"这一切的；受挫折时，则觉得自己是坏妈妈的"牺牲品"。因此，他们不只是看到两个妈妈，也同时经历两个自己：一个"该得权力"的自己，和一个"被剥夺权力"的自己。你可能记得在年幼的孩子身上看到这一点：他们高兴的时候，非常高兴；生气和难过的时候，就非常生气或难过。

然而，孩子在"需要得到满足"以及"需要受到限制而有挫折感"这两方面都经历过之后，慢慢就会合并对自己和他人的两种形象，逐渐了解如下一些极为重要的事情：

（1）我的需要一直都会获得回应。

（2）并非我所有的需要和愿望都会得到满足。

（3）同一个人有时候给我想要的，有时候不给我想要的——我所爱的人也是我所憎恶的人。

（4）我有时候很幸运，有时候必须处理挫折感。

这种满足和挫折的结合发生过无数次之后，孩子就会确认"世界并非完美"。他知道这个世界不会每件事都满足他，但在他所需要的事物上已经是"够好了"。他逐渐放弃要他人"都做好人"来满足他所有需求的愿望；学习去爱那个同时爱他又令他受到挫折的人；也认定了人都不完美，但都够好这个事实。孩子经历足够的挫折后，就会对其所拥有的东西心存感恩，因为发现他们并非有权力得到任何想要的东西。

要完成这个目标，孩子需要从你那里得到两件重要的东西：

满足和挫折。从未得到满足的孩子会持续处在一种需要的状态，他们从来不觉得要感激，因为他们真的没有得到足够的东西。过分强调要剥夺孩子早年的需要，害怕孩子会控制这个家庭，是为人父母很危险的心态。孩子早期的需要必须得到满足以便发展信任和感恩的心态。做父母的需要先付出。

然而，从未受过挫折的孩子不会了解，他们不是宇宙的中心，他们不能拥有任何想要的东西，别人并非只为他的需要而存在。满足和挫折之间的平衡，调和了"满足需要"和"受之无愧"两种极端，就如早期著名的滚石乐队（The Rolling Stones）在专辑《任血流淌》里有首歌所唱的："你无法总是得到一切所想，但若去尝试，就会发现，你可以得到一切所需。"

经历过挫折的孩子会放弃"我有权得到一切想要的，别人该为我满足所需"这样的想法。此外，他被剥夺一些权利时，不会感觉自己是个受害人，也不会感觉那些不满足他所想的人是坏人，他会培养出平衡地看待自己及他人的能力。

给予、限制和接纳

要使孩子有一种平衡感去看待自己和他人，你必须同时满足他的某些要求，但在某些需求上又令他受到挫折。有三个必要技巧：给予、限制和接纳。

给予

"给予"是满足需要和愿望。最重要的满足是关爱、关注和照顾。这是婴孩在饥饿和孤单时的哭叫，他必须被人照顾、喂养和被人关注。当他吃饱了，得到关照、温暖和安全感时，就会在心里堆砌感恩的积木。许多成人的嫉妒感来自他心灵深处极度地渴求需要能够被满足，能够好好地被人关注的心理。

孩子长大一点的时候，需要有人安慰；惧怕时需要有人安抚；感受需要有人理解；对下一个阶段所要发生之事焦虑，需要有人鼓励。他们生活的空间愈来愈大时，需要知道自己不是独自前行；因害怕而尖叫时需要有人来帮助他安心。

再大一点的孩子，你要满足他们在自由、空间、控制权、选择权等这些方面的需求，这是独立自主的积木。他们想自己做选择，大人应该给他们一些；他们想要自己的空间，大人应该给他们一些；他们想要控制权，大人也应该给他们一些。学习知道自己想要什么以及要求他们所想要的，是生活中所必须有的重要技能。他们必须在自由、空间、控制及选择的需要上得到满足，以便知道这些是好的、是管用的，外在的世界也会帮助他们满足这些需要。

然后，孩子会想要拥有一些东西、做一些活动、找一些资源，例如金钱和机会，来学习和表露他们的技巧和才能，他们需要在这些事上得到满足。他们年纪更大的时候，当然需要在赚取和供应这些资源上贡献自己的一份力量，但他们的技巧和才能不应当受到阻碍。

孩子会再进一步争取独立和自由，也应当在这方面得到满足。当他们负起责任和做明智的选择时，需要知道这是有奖赏的。

孩子需要在上述所有这些方面获得满足，这样当他们年纪渐长，就会负起越来越多的责任，来利用好这些金钱、机会和才干。他们也需要知道，这个世界是可以得到东西且能够实现才干和梦想的地方。同时他们也在学习必须做个负责任和有智慧的人。孩子在为生活"断奶"之前要先得到足够的"喂养"。你要给他们所需要的，满足他们对爱和亲密关系的需求，也要给他们机会成长，并且给他们所需要的装备去承担生活的责任。

限制

"限制"就是确定孩子没有得到太多不必要或不合适他们的东西。正如我们前头所说的，限制是要确定我们不去满足他们"想要控制一切"的愿望；此外，限制也是一种处罚，要让他们懂得做选择和面对所要承担的后果。这与你在现实生活中执行你所说的"不可以"很有关系。

我们不必对婴儿设太多的限制，因为他自己已经受到身体上的诸多限制。他们的需求很大，但因为不会讲话就不能替自己求什么；他们因为不会走路，就无法替自己去拿到什么东西。因此，唯有当婴孩所需要的一切都得到满足，现在只是需要去睡觉，则"限制"在这种时候才派得上用场。

聪明的妈妈分辨得出胡闹的哭和真正有需要的哭。婴孩胡闹哭了一阵子之后就会忍不住睡着；如果是因为他的需要受到挫折，没有得到满足就哭着睡着了，问题就会产生——这也是为什么我们总是建议，在婴儿时期，不要在满足他们的需要上失之过严。

在幼儿时期，"限制"就变成每天要执行的命令了。幼儿愈来愈活泼，他们想要更多的控制权，当"不可以"这个词真的开始产生意义时，就是他第一次学习什么叫作"限制"的时候。

他们发现自己并非有权力得到想要的一切。他们伸出手去碰不该碰的东西，第一次听到"不可以"这个词时，就认识到自己不是操纵者；他们要你和他们待在一起，但你晚上还是出去了，他们就学习到自己并非能一直获得心中所想，以至学到了"需要控制愿望"的限制。

他们想要糖果，但不能得到它。有时候他们可以有正当的要求，却不能只基于"想要"就可以得到，可能需要做些什么来得到它，例如用嘴巴好好地讲出他们的需求，而不是用可怜的声音或操纵的方法来要求。

在儿童时期，他们想要那些不可以要的玩具，想要最新、最好的玩具，而事实上他们所拥有的玩具已有那些功能。（想想看以后他是怎么用信用卡来花钱！）当他们听你说"不可以"而且坚持立场时，就学会了在这个世界上是不可能他们想要什么就给什么的。

有时候你要让孩子知道，有"目标"和有"愿望"并非不好，但你仍然不会想要什么就给什么，有时候他们必须去"赚取"。如果做父母的只是给孩子任何他们想要的东西，却不教他们如何努力来换取想要的东西，就是在增强他们"受之无愧"的心态。

此外，他的兄弟姐妹和朋友有某些东西，并不代表他也可以得到那些东西。往往当孩子没有得到别人所拥有的东西时，做父母的就会听到"不公平！"的抗议，我们可以说："又怎么样呢？"现实的人生就是这样，他最好现在就学会这一点。

在青少年时期限制会少一些，但还是一样重要。青少年需要更多的自由、选择以及机会来负起责任，但他们也需要服从那些清楚和强行要求的限制。青少年时期，是你让孩子明白他不能掌控所有的最后机会。

如果他们不能从你那里学到这种观念，就会从社会所制定的法律来学到这门功课，所以最好是从妈妈和爸爸那里学到这一点。规定他晚上几点以前回家、有多少钱可用、可以做哪些选择等等，都是限制青少年想要控制一切、凌驾于法律之上的机会。

在青少年的岁月里，他们需要在态度上做许多调整，逐渐负起保护自己和管理自己的责任（参考第一章）。开始尝试这种自由时，有时候并不是那么令人愉快。他们可能态度很夸张，硬要人家领他们的情，对人不怀好意。你要给他们适当的限制，只准许他们用某些态度来对待你，这样他们就会知道他们没有权力爱怎么对待人就怎么对待人。

在孩子的整个发展过程中，给他设不同的限制，对他克服嫉妒和受之无愧的心态非常重要。你绝对不可以增强他以为有权力想要什么就要什么、爱做什么就去做什么、爱怎么对待人就怎么对待人的观念。

如果你在满足他们和适当的限制之间做个平衡，他们就会发现自己并非拥有全世界。

以下是关于"限制"作用的一些想法：

> 婴孩所有的要求得到满足时，开始给他的限制就是，有时候他需要和大人分开一下。
>
> 幼儿时期正式的限制始于他知道自己并不能够控制所有人，而且这种限制要持续到青少年时期。
>
> 限制可教导孩子，他们并没有权力想要什么就有什么，即使那些需要是好的。他们必须努力去得到想要的，光是"我要"是不够的。
>
> 限制可教导孩子，如果他们把公平定义为平等的话，人生本来就不公平。他们绝不会拥有和每个人同样的东西，有些人会得到多些，有些人会得到比他们所希望的少些。

限制帮助孩子学会他们的感觉并非绝对现实。

限制在引起孩子的抗议时扮演重要的角色，因为它可以让父母在坚持限制的同时，同情孩子，并控制他们的情绪。

限制和处罚让孩子看见自己的不良之处，使他们不会认为自己是这个世上无辜的受害人。

限制增强孩子的自信心，因为他们发现自己在某些需要被剥夺时，仍能生存下去，并且学会去满足自己的某些需要。

限制给他们如何对待他人的架构，经历过以爱心来设限制的孩子，便能设定有爱心的限制。

限制帮助他们体验到为无法控制的事伤心，使他们可以学会放下，并解决这个问题。

不要夺取你孩子的限制，否则他们会一辈子背负着自认"我是上帝"的重担，那是个注定会失败的角色。

接纳

"接纳"帮助孩子体验过受限制的感觉后，将那些限制内化为品格。人类的天性并不喜欢限制，当限制未伴随善意出现时，就与人为敌。限制似乎是恶劣、敌对、冷酷的，没有爱的话就很难执行得很好。

因此，接纳把爱、理解和架构加进限制里去，使孩子能够内化它们。当孩子面对限制时，他会以愤怒来回应。人们首度面对"不可以"的时候，都会以反叛和愤怒来回应，因为我们把限制视为敌人，所以总是会以某种形式来反抗。

如果限制因为反抗而挪开，我们就会认为自己比限制还大，这样的话不给限制还要好些，因为我们是在以上帝角色在尝试，而且还赢了。这会更增强自己可以控制一切的想法。（一点都不给限制，比有限制却不去执行还好些。）

如果限制持续下去，孩子就会被导向限制这边，而这股持续的力量就会破除孩子的夸大心理——这是个严重的伤害。你要帮助他把愤怒化为难过、伤心和决心，给予他安慰、关心、同情和联结。当你给予孩子同理心的时候，要坚持你的限制。你可以采用下面的说辞：

◇ "我知道，宝贝，这真的很难。"
◇ "我同意，这很不公平。"
◇ "我没有得到想要的东西时，也很不高兴。"
◇ "我了解。但是，不可以，你还是不能去！"
◇ "人生就是这么困难！嗯？"

这些同情的用词让孩子看到，虽然那些限制似乎在与他作对，但某个人还是站在他一边。然后，经过这个过程，他就能够用这个限制来学会他需要学习的任何事情，你的爱帮助他内化了这些限制。

许多父母在这种时候很难接受孩子会受伤、生气，使用"同理心"是他们唯一的法宝。你要避免用下面这些让自己觉得好过一些的说辞：

◇ "这对我的伤害比你还厉害。"（现在孩子不仅有个不让他做某些事的父母，还有个不了解他的父母。）

◇ "我是因为爱你才这样做，以后你会感激我的。"

（孩子只关心现在。）

◇ "还没有那么糟嘛！想想你最近得到的所有那些好东西。"

◇ "过一会儿不就好了吗？"

◇ "不要再哭，要不然我就真让你哭个够！"

在这种时刻，孩子最需要的是同理心以及对现实生活给他沉重打击的理解；这种爱和限制的结合，会转变成内在的限制和架构，打击他的"受之无愧"感。请记住，孩子所损失的，超过他们所想要的。他们在失去原本的人生观，他们需要学习自己不是控制一切的人。你要预备他们会有一阵子很憎恶这种状况。

忍受被憎恶

无法忍受被孩子憎恶的父母，就无法提供孩子需要克服的"受之无愧"感这种现实。爱和给限制是为人父母者最重要的特质；能够忍受被憎恶和被看作"坏的"父母，是做父母的第二个重要特质。你需要能够容忍孩子的反抗，保持和他的联结，不反击回去，且继续做他的父母。

孩子没有表示谢意时

在孩子小的时候就要教他们说"谢谢"。当孩子得到一些东西的时候，父母一般总会问："你该说什么？"被爱和受管教的孩子，通常会因为下列几个因素，自然地发展出感谢的心态：

◇他们的受之无愧感在父母的管教中受到限制。

◇对他们叛逆和侵犯别人的管教，是父母教导他们知道
自己不是无辜的受害人。

◇他们必须说："对不起！"

◇他们谦卑下来。

◇父母以身作则对孩子和别人说："谢谢！"

懂得表达感谢是非常重要的发展层面。如果孩子没有表现
出来，就要提醒他。不会表达感谢的孩子，你需要指正他并且给
他限制，因为他把别人给他东西视为理所当然，要让他知道这样
对待别人并不恰当。你不需要强加愧疚感给他，但要以"分享感
受"和"给予限制"这个同样的模式来跟他说：

◇"你越跟我要这要那，就越得不到东西。"

◇"你说'谢谢'的时候，才会得到更多。"

◇"我要能感受到你感谢我已经为你做的事情之后，才
会再为你做其他的事。"

◇"我不为那些不懂得感谢的人做事，如果我所做的对
你不算什么，我就会省下这个力气。"

◇"你似乎认为我们必须为你做这些事，但我们并不这
么想。如果你不认为'表示感谢'有什么重要，我们
就不再为你做事。"

你这样做，是在表达你自己的限制，不让自己把每件事都视
为理所当然。如果你真的觉得自己像个牺牲品，或像个值得人同
情、受了许多苦的人，就要确定你已经先处理了那种感觉，以免

让孩子带着愧疚感来看待自己的行为。

嫉妒和渴望之间的区别

做父母最美好的事情之一，就是帮助孩子达成他的愿望。能够帮助孩子达到目标或是获得某些他想得到的东西，是多么奇妙的事！我一个朋友的十九岁的儿子，最近用他过去三年打工所存的钱买了一部车。这个小伙子每个暑假都去打工，然后把钱存起来；他每天下课以后也去打工，然后把钱存起来。长久以来，他和父母一起做计划，终于他有足够钱的日子到来了。

他所购买的那部运动型多功能车，有符合他所喜爱的一切性能。他有个在海滨照看儿童的工作，也很喜欢运动，这部车非常适合他"本人"。这也是他和父母亲都这么想要达成这个目标的部分原因。因此当他得到这部车子的那一天，真是个值得庆贺的光荣日子！

我认识另一个年轻人，父母出于错误的想法，不要她付出任何代价就给了她一部车，那部车和他们女儿"本人"毫不相干。父母买那部车给她，是为了自己的面子，要让女儿在学校显得比其他孩子更优越。过了不久，那部车子在女孩的心目中就失去了价值，她还要另一部车。

一部车是出自本人内心深处的渴望而买，另一部车是基于嫉妒的心理而买，父母应该好好地判断哪个愿望是出自嫉妒，哪个愿望是出自内心真正的渴望。你要让孩子放弃出于嫉妒的那一个愿望，帮助他实现那个出自内心的愿望。

他的愿望愈持久，他所得到的东西就会保留得愈久。从嫉妒而来的愿望本质上是贪婪比较的心理作祟，无法长期满足孩子。人心不足蛇吞象，人的欲望和贪心就像无底洞，不可能会满足的。

那是你的院子

当孩子观看他自己之外的世界，看到一些他想要的东西，可能是件好事。他的愿望会驱使他去工作。当孩子看到他的能力、他所拥有的东西，或是他的技能，而对他所欠缺的东西感到难过时，也是件好事。他的不足会激发他去设定目标并采取行动，他也因此学会了嫉妒和愿望之间的区别。愿望会激发他去工作，嫉妒会烧掉他内心的动力。

如果你自己有好的限制和界线，你会理解孩子的渴望，帮助他做计划去达到目标，并加以鼓励。如果你对他的嫉妒心不让步，就是在教他生命中一门重要的功课：他的不足是他的问题。孩子如果不喜欢自己的生活，就必须竭尽所能地努力工作，来让生活有所改善。他必须了解，如果他利用他的才干并使之增长，他会获得更多。

在一个不受嫉妒所主导的人身上，他的思想过程是这样的："我在那里看到一些想要的东西，我不喜欢现在的状态，这是我的问题。我要怎么从起点到终点？我最好评估一下有什么事阻拦我到达那里，然后找出需要做的事来达到那个目标。"

在孩子身上，关键的转折点发生在"这个想要和渴望是他的问题"。他可以寻求帮助、学习、工作，或做任何需要做的事，但他的不足和解决方法是他自己的问题，没有人应该为他解决事情。如果这样的事发生，你就是在培养一个能找出自己真正的需要，能寻求资源、有能力和才干来达到目标的孩子。他会伸出触角来向周围的人学习，并求取人生道路上所需要的支援。

吊诡之处

嫉妒是人生命中极大的讽刺，善妒的人认为他们自己配得到一切，结果却一无所有。他们无法拥有、珍惜或感谢所得的一切，他们满心都是所未拥有的东西。

嫉妒基本上是骄傲，认为你是上天，宇宙全属于你。谦卑的人是那些不认为自己"受之无愧"的人，他们谦卑地在接受并感谢所拥有的一切。于此心态下，别人更有可能给他更多。嫉妒的人要的多，得到的却少；懂得感恩的人感恩拥有的一切，并因此得到更多。

你要帮助孩子成为谦卑懂感恩的人，但要记住，"饭要一口一口吃"，克服骄傲心理需要倾注大量的爱。此后，孩子就可以动手解决他的问题了。这也是下一章我们所要谈的主题。

▲ 看完本章，你需要记住的道理是：

1. 父母需要帮助孩子处理"受之无愧"和嫉妒的心态，让孩子朝着懂得感恩的境界迈进；

2. 孩子在为生活"断奶"之前要先"丰丰足足"地领受，你要给他们所需要的，满足他们爱和亲密关系的需求，也要给他们机会成长，并且给他们所需要的装备去承担生活的责任；

3. 不要夺取你孩子的限制，否则他们会一辈子背负着自认"我是上帝"的重担，那是个注定会失败的角色；

4. 爱和给限制是为人父母者最重要的特质，能够忍受被憎恶和被看作"坏的"父母，是做父母的第二个重要特质；

5. 父母应该好好判断哪个愿望是出自嫉妒，哪个愿望是出自内心真正的渴望。你要让孩子放弃出于嫉妒的那一个愿望，帮助他实现那个出自内心的愿望。

　　我（约翰·汤森德博士）在大学毕业以后，有两年的时间在得州的儿童之家工作。每六个到八个学龄儿童和看护教师住在一间宿舍。我们这些看护教师通常会在每周极为紧张的工作压力下，互相代班，让彼此有喘息的机会。也因为我们住得很靠近，所以对每个人都了如指掌。

　　身为新看护教师的我，观察到看护教师之间的差别。基本上这些做看护教师的，有两种极端的类型。

　　"好好朋友型"看护教师，一心要孩子喜欢他。他会花很多时间和孩子谈话，带他们坐他的车去好玩的地方。他很难狠下心来管孩子，因为不想伤害他和孩子之间建立起来的关系。每到有关部门来检视的时候，他们的宿舍总是乱七八糟，举凡洗碗、料理饭食、清理房子等之类的家务事，都是他在做。孩子都很可爱友善，但也很懒，花很多时间坐在沙发上看电视。

　　至于"控制型"看护教师，则像军队里的教官一样，第一天就先来个下马威，还没有任何问题发生，就先告诉孩子们"假如……"会有什么后果，而且一般都会跟在孩子身边管东管西。他的宿舍总是井井有条、干干净净，孩子虽然会有一大堆抱怨，但是会替他做事。隔三差五就会有孩子因为受不了而反叛出走，但其他的孩子倒是很主动，也很忙碌地做这做那。

最好的看护教师是介于上述两者之间，他们看重关系，但也有纪律。成功的看护教师的金科玉律是：先要求尊重，再培养感情，就会有积极的结果；若培养感情先于要求尊重，只会产生负面的效果。对孩子好当然会让他们觉得舒服，但也会让他们怠惰，每次看护教师要求这些孩子做事，他们就会怨恨他；而那些先要求尊重的看护教师，就可以让孩子愿意做更多事，然后，只要他放松一点，和孩子玩在一起时，孩子就很崇敬他。

"主动"的礼物

你能够给孩子最好的礼物之一，就是帮助他建立积极主动的态度。而积极的意思，就是主动跨出第一步。孩子需要了解，他的问题要能够得到解决、要求要能够得到回应，都不是从别人开始，而是从他自己先开始。

人生在世需要采取主动，才能够生存和成功。孩子出生以后的第一声啼哭，是没有别人能代替他做的。你先听到这一声啼哭之后，才能够在这个过程中做你的那一份来回应他的需要。终其一生，他还是必须主动肩负起责任来解决困境，即使是在人生初期，他需要非常依赖照顾他的人供应生活所需，也是如此。

请千万不要将"依赖"和"被动"互相混淆，人一生中都需要主动依靠其他的人。同样地，也不要将"主动"和"自足"混为一谈，主动的人并非企图自己做每一件事。主动的意思是，凡是能做的就去做，然后积极寻找你所欠缺的，来帮助你完成自我。

孩子需要主动让人知道他的需要、拒绝坏习惯、保持与别人之间的友谊、做家务事、做学校的功课，并且当他成熟的时候，能够逐渐承担自己生活中更多的担子。

主动的孩子有理想的机会学习正确地回应界线，他们就像尚未被驯服的野马，用意志力顽固地对抗你的限制和后果，直到学会注意现实与他们所想的不一样为止。他们在生活上几次和现实交锋之后，最后就会跪在现实面前，开始学习驯服自己的攻击性，将它保持在可接受的范围内，并且用在建设性的目标上。

"主动"的礼物对孩子有许多益处，可帮助他们：

◇从失败和后果中学会何为适当的言行举止。

◇体会到他的问题和需要必须自己去解决。

◇培养出自制和掌握自己生活的能力。

◇靠自己来照顾自己。

◇懂得避开危险的情况和不正常的关系。

◇朝向那些会得到安慰及协助的关系。

◇以具有意义和有效果的方式来架构他的爱和情感，使
   他保持与他人的联系。

有时候为人父母的很难了解，主动对孩子有什么好处。通常我们在谈到孩子和界线的问题时，做妈妈的就会问这个问题："我为孩子设立了界线，但他一直横加阻挠，我该怎么办？"

我们的回答是："他本来就会有这样的反应。你是父母，你的工作就是在爱里面设定限制，并执行后果。他是孩子，他也有事得做。他的工作就是以他主动的攻击，一再测试你给的限制，然后从中学到现实、关系和责任。这是神圣而有秩序的训练系统。"

被动的问题

被动、不活泼或无反应，是积极、主动的反面。孩子的被动是培养界线的主要障碍，被动的孩子在生活中处于停滞状态，总是在等着别人或等着某件事。孩子被动的时候，就不再学习做自己的管家，而是学习让别人来控制他、替他行事。

被动的孩子无法使用"从错中学"这种能教导他界线的过程。他从未真正行动起来，从未失败，也没有成长。他们多半真的是很乖的孩子，但是你在他们身边时，很难说得出他们是什么样的孩子。他们通常很难交到朋友、找到兴趣或热爱什么事物，很容易受侵略性较强的朋友影响或左右。他们跟着人家走，不会创造自己的人生。

我想到那些因为被动的态度而错失生命中许多机会的孩子，心里就很难过。他们长大了、老了、死了，没有真正地被人接触过，也没有深入地去接触任何人。他们的被动把自己局限在朦胧地带，是在多么可悲地浪费人生啊！

采取被动的立场不是优点而是缺点。在缺乏主动的限制下，邪恶就会滋生。被动的人因为不加抗拒，而不知不觉成为与恶联结的人。上天不喜欢后退的人。然而，请不要把被动和忍耐混为一谈，忍耐是积极的特性，它是要我们约束心里不良的冲动。

就像美国海军陆战队的标语所说的，"坏的决定总比不决定好"。这就是为什么在万事皆平等之下，主动的孩子比被动的孩子学习和成熟得更快，这也意味着父母有更多的原料可以去加工。

你可以为被动的孩子做什么

有被动孩子的父母会具有双重问题，因为这些孩子同时也会有不负责任或拒绝为自己做主的界线问题，而且被动的孩子更难投入学习过程。下面是孩子表现被动的一些方式：

拖延。孩子在尽可能拖到底的最后一分钟才回应你。他很晚才把学校的功课做完，让你在车子里等着他准备好去上学或去其他聚会。当你要求他把音响关小声一点，或请他备餐时，原本精力充沛和动作迅速的孩子，就在这种时刻变得行动迟缓。他要花好多的时间去做他不想做的事，却只要一下子就可以去做他想做的事。

忽视。孩子对你的指示充耳不闻，要不就假装没听见，要不就是不予理睬，继续玩他的玩具、看他的书，或做他的白日梦。

缺乏主动和冒险的心态。孩子逃避新的经验，如结交新朋友、尝试新运动、学些新的艺术表现技巧，喜欢保留在熟悉的活动和模式里面。

活在幻想的世界里。孩子有愈发内向的倾向，不去投入真实世界。他沉浸在自我的世界里时，似乎更快乐、更活泼，只要一出现问题或令他不舒服的事情时，他就会退缩。

被动的反抗。孩子以面无表情和愠怒的神色看着你，来抗拒你的要求，然后什么事都不做。他显然对你的权威充满愤怒或轻蔑，但不用言语表现出来。

孤僻。孩子为避免与他人接触，宁愿待在房间里。他以离开你来反抗你提出来的某些问题，而不和你对峙争论，也不和你吵架。

被动的孩子并不是坏人或恶人，他们只是用一种特定的方式来面对人生，以致无法获得独立、自制或自主的能力。被动的问题并非全然相似，在这方面挣扎的孩子有几个原因，下面所列的是某些根源所在。我们也同时提出一些方法来帮助被动的孩子培养他们所需要的主动，得到他们自己的界线。

恐惧

孩子之所以没有反应，可能是因为内心深处的恐惧和焦虑，使他无力去采取主动。极度的恐惧导致孩子对生活的挑战采取防卫的态度。

亲密。有些孩子很怕和人亲近，也很容易受到他人的伤害。他们和别的孩子在一起的时候显得害羞、拘谨和别扭。他们逃避那些觉得会曝光的社交环境。不要认为这是一种"学习风格"或"人格类型"。虽然有些孩子本性上就比其他孩子来得害羞，他们还是需要学习与他人交往。你要把学习、运动、艺术和其他社交活动，变成家庭生活中正常的、期待的一部分。当孩子和他相识的朋友在一起的时候，你不要介入，但在之前和之后你人要在那里，让他可以和你谈论他的感受。

冲突。有些孩子在每件事都很顺当的时候，就会主动地参与，但只要有怒气或冲突存在，就会害怕和退缩。他们可能是害怕某人的愤怒情绪，或害怕身体受到伤害。你不必跟他保证永远不会感到痛苦，但是要让他安心，让他知道，只要帮得上忙，你一定不会让他受到伤害。

你要将冲突和痛苦正常化。我有个朋友每个礼拜带他女儿去学空手道。刚开始几个礼拜他都觉得很不好意思，因为女儿在起初的每堂课都抱着他的腿哭，但是他跟女儿说："你必须上三个月，没有选择的余地。我不管你哭不哭都会带你来上课。三个月以后，你可以选择要不要继续来。"过了三个月，他女儿得到晋级的带子，决定留下来。你要教导孩子，冲突是难免的，但是他可以生存下来。

失败。今天有很多孩子受完美主义的矛盾所苦，他们为了避免犯错，就不采取主动，以减少失败的概率，但他们同时也失去了从失败中学习的机会。我们要再次强调，要将失败正常化，让孩子知道，他们不会冒着你不再关爱他们的风险。你自己可以在他们面前示范你的失败以及你如何自我解嘲。

我有个亲近的朋友，他的家是很好的"失败"家庭。我们和他们吃饭的时候，听不到每个家庭成员有所成就的夸大故事，反倒是听到他们在谈论工作上冒险及失败的时刻，或某些友谊关系上犯了什么错的事情，而孩子是那个场景中的一部分。失败是他们的朋友。

无法架构目标

愿望和目标帮助孩子克服惰性，促其成长。孩子面对冲突时，通常会落入被动的光景当中，其实他们并不是在偷懒，只是想不出要采取什么步骤以获取想要的东西。他们对挫折感的忍受力通常很低，有可能第一次期中报告的写作压力太大就使他们放弃了；也有可能因为和朋友起冲突而绝交，以至他们宁可待在家里。

你不要帮助孩子逃避问题，也不要把他从学习的架构中拯救出来。家里不是孩子躲避生活的场所，而是他学习技巧和学会做事的地方。告诉他你会帮助他，像煮饭、清理、买杂货、整理庭院，甚至是修理家里的东西等比较复杂的事务，你会帮助他培养自信来履行这些任务。然后他就可以开始朝着有兴趣的目标去努力。你不需要让他在清理灶台和构想科学计划之间做选择。

期待你未卜先知

孩子可能会认为不必跟你讲他的需要，你就会在他要求前知道他要什么。当你把问题问错了、忘了某些他想要的东西，或不了解他为什么不高兴，他就很生气。这种情况会发生在很难把自己和父母的感觉区分开的幼童和年纪大一点的孩子身上。婴孩需要母亲能预期他的需要，否则就有生存的危险，但孩子长大一些后，需要清楚地让别人知道他的需要。

要让孩子知道，你真的想帮助他满足需要和解决问题，但要告诉他："虽然我很爱你，但无法读出你的心声。如果你不说出所要的是什么，就没办法得到回应，那就很可惜了。但只要你努力表达，我就会帮助你！"

侵略性的冲突

有些孩子并非天生被动，他们在某些方面有侵略性，在某些方面却不予反应。例如，有个男孩可能在担负职责上很主动，他在学校的成绩很好，在家里也很负责任，但是在人际关系上却很被动和孤僻。或是，有个学业成绩全优的学生，在帮忙做家务上却不肯伸出半根指头。

这些孩子拥有必要的主动、果断要素，却很难在特定的场合发挥出来，他们需要你帮助他们使用生命中主动的那一面来迎战冲突。你不要理他"我就是这样"的想法。所谓真正的成熟，是要在生命中所有重要的层面上努力成长，而不是只在有天赋的地方努力。

在这里的金科玉律是：除非你在有问题的地方真的尽心竭力，否则就得不到好处。你要对孤僻的十岁男孩说，如果他要赚零用钱、要晚睡或想看喜欢的电视节目，就必须每个礼拜邀请特定数目的孩子来家里聚餐或一起去滑旱冰。人生的经验告诉我们，在吃甜点之前必须先学会吃蔬菜。

怠惰

有时孩子们被动是因为生活很懒散，他们可能是很会关心人又很善良的孩子，却少有那种会促使他们去工作、去留心人际关系、去保养车子的"预期性焦虑感"。他们不怕将来会怎么样，因为知道总有人会处理任何发生的问题，不需要害怕会产生什么后果。

一般来说，孩子偷懒的最根本原因是父母的无能，在某种程度上，父母要为孩子的偷懒付出代价。有些父母可能没有留意到这点，他们对孩子的成熟度和自我的应变能力要求得太少。父母为孩子提供舒适的生活，对他们预备面对真实的世界并没有助益。举例来说，你是让全家人团结合作，或只是象征性地让孩子参与一小部分而已？你给他的零用钱与他在家里或在学校的表现吻合吗？你不要等孩子自愿来做所有的事，而是要设定一个体制来执行后果。

我有个在富有家庭长大的朋友，她现在是三个孩子的妈妈。有一次她告诉我，要孩子保持家里的整洁真是困难。她说："我以前从来没有想过这些事，我一向都是在房间里脱了衣服就丢在地上，待我回房间的时候，佣人已经把衣服捡起来挂好了。但是现在我有了孩子，看到每个人的衣服都丢在地上时，真希望我不需要这么晚了才来学这门人生的功课！"

懒惰的孩子很难同时是个优秀、主动、负责任的学生。我建议你和别的父母谈一谈，问问他们是不是觉得你做得太多，你的孩子做得太少？你会讶异别的孩子竟然能够做那么多事情！

请记住，孩子会按照你所训练他们的一直被动地处理问题。下面这句有关个人成长的话尤其适用于懒惰的孩子："除非保持现状的痛苦大过改变的痛苦，否则他什么事都不会做！"你今天就应该为懒惰的孩子设定界线，告诉他所要承担的后果，以避免将来所要面对的不幸。

"受之无愧"感

孩子被动主要的导因是他那种"受之无愧"、要求受特别待遇的心态，这样的孩子认为他的存在配得上别人的服侍。他等着别人来满足他的需要和愿望，很少对所得的一切心存感恩，因为他心里认为那是本来就要给他的。

每个孩子都会有某种程度的"受之无愧"感（请参看第十一章对这点深入的讨论），当你在这一点上对孩子让步时，就是在帮忙塑造一个无法面对真实世界的孩子。他要不就是变得心灰意冷，很难正常工作，要不就是找个不会打击他的自我，又会保护他免于面对现实的结婚对象。

辛西娅有个十六岁的儿子肖恩，母子两人都是我的朋友，做母亲的看到儿子出现被动的迹象。肖恩是个帅哥，智商一百四十以上，有很多朋友，但他不仅高中因考试不及格被退学，也因为旷课太多和缺乏表现，连上职业学校也被退学。辛西娅认为肖恩之所以被动，可能因为学校对他的挑战不够，也可能是因为他偷懒。

但出乎意料，有一天肖恩突如其来地将他的"受之无愧"感全部表露出来。他赶不上公交车，需要家人开车载他去新的学校，辛西娅必须从上班的地方请假出来载他。她在车上跟他说出对他习惯性被动态度的担心，以及那样的态度对他自己和对整个家庭在造成什么伤害，她也告诉他要载他去学校是多么不方便的事。突然，肖恩转过身来说："喂！你一定得载我，因为我是孩子，那是你的工作，你本来就应该要载我！"

辛西娅停下车来，打开乘客那边的车门说："你是孩子没错，但那不代表你配得上现在所得的，你回家以后我们再谈！"肖恩吓了一跳，跨出车门，自己走最后那一里路到学校。他非常生气，但那个下午他回家的时候，已经预备好要和妈妈谈话。

自然辛西娅很后悔自己一气之下的冲动，虽然她的行动不恰当，却的确帮助肖恩了解到，他不但把"受之无愧"的态度暴露出来，而且这种态度已经不大管用了——至少这是朝解决问题迈出的第一小步。

孩子需要知道，即使是正当的需要，也不是任何事情都受之无愧。你的孩子和所有的孩子一样，都有所需要，但是他有责任为自己准备这些东西。如果孩子的被动是因为"受之无愧"感，你就需要在满足他真正需要的同时，给予他适当的挫败感，以帮助他改进。

"特殊人物"并不受人喜爱，因为真正的"爱"要求我们的优点和缺点都被人知道，而特殊人物只能在优点上被人钦佩称赞。因此，我们要帮助孩子放弃他对获得称赞的要求，这样他才能够被人喜爱。

不要过分称赞那些必要的行为表现，很多我们所做的本是应做的。但是当孩子坦白真相、诚心悔改、勇于冒险、坦诚爱人的时候，你可以多加以称赞，因为称赞会培养孩子主动、乐意负责任的品格。

医学上的议题

有时候孩提时代的被动行为，可能是内在情绪失调的症状。例如，某些忧郁症可能导致孩子退缩、被动，以便克服他内在的痛苦。吸毒和酗酒问题也可能是被动的导因。如果你怀疑孩子有这类问题，要去找对你的孩子这个年龄的人有经验的治疗师，向他咨询医学上的意见。

培养孩子主动的原则

不论孩子是否天生被动，你都需要帮助他做个懂得探索和成长的人，因为在执行"主动的法则"上，你是他主要的解答帮手，他自己无法做到。虽然他可能不感激你，但为了他性格的成长，仍然是值得的。下面这些是你能做的事：

不单做父母，更要做主动的人

孩子需要以生活有界线的人作为他内化的榜样。以孩子为生活中心的父母，会使孩子认为人生要不就是"将来自己要做父母"，要不就是"永远让父母来为他服务"。要让孩子知道，你有一些兴趣和人际关系与他无关，有的旅行不会带他去。让他看到你积极主动地满足自己的需要，解决你自己的问题。

努力帮助孩子改进被动的态度

不要把爱孩子和救孩子混为一谈。问问自己，请教你信任的人，你是否充分拉伸了孩子的成长肌肉？你是否在有关孩子生活的学业、工作、社交、行为等方面，逃避替他设定限制的责任？你因为可能会导致冲突而不敢和他谈这些问题吗？你的家是逃避责任的场所，抑或是有行动和会成长的地方吗？

我有位四十岁的朋友，他是个专业人士。这位身为丈夫和父亲的人，一回家探望母亲时，就变成被动的小孩。他坐在沙发上看电视，让母亲为他倒茶水、拿点心给他吃。他太太看到他这个样子，才了解为什么她在家里很难叫得动他做事，因为他的新"妈妈"——太太，当然比不上老妈那样会伺候他。

请记住，不干活就没饭吃。爱和关心是可以白白给的，但其他大部分的事情却必须有付出才能有所得。

要求孩子采取主动和解决问题

孩子的倾向是要让你做所有的事情，如果你真的这样做，就是你的错。你要开始这样说："很抱歉，但那是你的责任，我希望你自己解决问题。这听起来好像很困难，但我会帮你的。"四岁到十八岁的孩子都很会用如下方式，提出许许多多的问题：

◇ "妈，你看到我的鞋子了吗？"

◇ "哦，糟糕，我赶不上校车了！"

◇ "我的零用钱花光了，我可以预支些钱去看电影吗？"

◇ "你不让我出门，我很生气！"

◇ "抱歉，我回来晚了，晚餐吃什么？"

◇ "我的报告明天就要交了，可是我不会打字！"

你可以看到，用"那是你的责任"来回应，可以让你节省许多时间和许多精力。你的过分主动会严重加深孩子的过分被动。当你帮助他采取主动来担当自己的责任，就会增强他的性格，不但让他更加成熟，也会帮助你不去负担超过原本你应负的责任。

教导孩子面对人际关系

被动的结果之一就是，它阻止孩子解决问题。被动的孩子通常会逃避人际关系，他们不是等着别人做事，就是不去寻求别人帮助。

你要帮助孩子认识到，"关系"是许多事情的来源：

◇是情感痛苦时的安慰。
◇使内心觉得被爱，而不是觉得孤单或很糟糕。
◇是使人能够坚定自信并持续一生的燃料。
◇给人知识以解决问题。
◇是人成长的架构。

你要教导孩子，只有主动要求的人才可能得到"关系"，不要和他玩"有什么事不对劲""没事"这种游戏。要说："听起来你是遇到麻烦了，但是我会等你来请我帮忙，我才会帮你。"我认识一位父亲，他了解到和十岁的女儿玩这种游戏无济于事，于是在下次女儿又不高兴时，他就跟她说了上述的话。

当他坐在那里看报纸的时候，他女儿走过他身边轻轻啜泣起来，但已足以让他听见，他继续看报纸。女儿绕着椅子走了十二圈！最后她了解到，除非她再进一步，否则她与父亲之间的关系不会有所突破，所以她说："爸，我对在学校发生的事很难过。"那时候她爸爸才开始热切地去帮助她。

让被动比主动更痛苦

父母通常会增强孩子的被动态度，因为被动的孩子似乎比主动的孩子少些麻烦，也给父母多一点时间来处理另一个吵闹的孩子。但是不要让孩子在那样的角色里面觉得舒服，因为你这样做会让他养成推脱责任的习惯。

要让他知道，你宁可他主动而犯错，也不要他被动。告诉他："你如果去尝试而搞得一团糟，我会尽力帮助你；你如果不去尝试，我还是爱你，但你要自求多福。"在孩子试着备餐却打翻每样东西的时候，要赞美、鼓励他，但当他逃避做事，那个晚上就不要给他点心吃。

给他时间培养主动的态度

被动的孩子需要你在他迈向主动时，给予更多的耐心。他的生命中曾经耗费了很多时间在害怕、逃避冒险、躲避失败及承受痛苦上面。他们怀疑自己坚定的那一面，不认为这会帮助他的生活。

不要期望孩子一夜之间，就变成一个高效的问题解决者。只要他有一点点进展，就给他奖励，即使他后来又退缩了。一般而言，如果过程做得对，孩子坚定的那一面会整合得更好，就像一部引擎继续转动，动力就会增加。他的第一步可能会踟蹰不前，但要对他有耐心。

结语

孩子需要你做个有爱心、有界线、能激发挑动他主动面的那个人。他会反抗你、生你的气，但就像雌鸟知道何时该把雏鸟推出窝巢一样，你要用经验、判断，并请教他人，来帮助孩子为自己的生活采取主动。

下一章我们要讨论坦诚律。你会学到如何帮助孩子直接并且清楚地面对界线，而不是让他们玩弄父母于股掌之中。

▲ **看完本章，你需要记住的道理是：**

1. 你能够给孩子最好的礼物之一，就是帮助他建立积极主动的态度，而积极的意思，就是主动跨出第一步；

2. 孩子的被动是培养界线的主要障碍，被动的孩子在生活中处于停滞状态，总是在等着别人或等着某件事；

3. 被动的孩子并不是坏人或恶人，他们只是用一种特定的方式来面对人生，以致无法获得独立、自制或自主的能力；

4. 你不要帮助孩子逃避问题，也不要把他从学习的架构中拯救出来，家里不是孩子躲避生活的场所，而是他学习技巧和学会做事的地方；

5. 一般来说，孩子偷懒的最根本原因是父母的无能；

6. 要求孩子采取主动和解决问题。

第十三章　坦诚律：诚实乃为上策

　　还记得我（亨利·克劳德博士）八岁那年，有一天发生的事。我犯了一个大错，但当时并不知道。我想我那时候是想要报复十六岁的姐姐，因为我可以报复她的机会很少，而且隔很久才出现那么一次，因此，我想好好把握。

　　姐姐莎伦和朋友在房间里胡闹，有一个人乱丢枕头，把吊在天花板上的灯打破了，但她们很快就想出办法来处理那盏灯，让人看不出来灯坏了。我姐姐以为神不知鬼不觉，却不晓得她有个鬼灵精的小弟正暗自盘算着。

　　爸爸一到家，我就迫不及待地告诉他，说她们打破了灯。我带他去看的时候，不知道莎伦和她的朋友还在那里。我当场被逮到，爸爸在房里问我破灯的事，姐姐她们则看着我这个告密者。我不记得父亲怎么对待她们，却还记得她们怎么对待我，那是一件很不愉快的事。

　　等到我了解这个事件所牵涉的法则时，已经过了好几年。但那天我了解到一个现实：当你在别人背后打小报告时，就要预想到会在人际关系上惹来麻烦。

　　在人际关系里面，最重要的原则之一就是，直截了当地沟通，以及把关系里面发生的任何事，完全开诚布公。我没有先和姐姐说我对她所做的事有什么想法，给她机会去自首；也不够关心她是否计划自己找时间告诉父亲。我的行为有两个主要的动机：我要姐姐受处罚，还有我怕直接和她沟通。我愚蠢地认为，我不需要借她之力就可以把事情做成，也不必去理会她的怒气。

自从我成为心理学家以后，才学到许多不直接沟通所带来的破坏力。事情是这样开始的：我和甲君之间有问题，却告诉了乙君，结果就制造了三个问题。第一个问题是，我告诉了乙君；第二个问题是，乙君对甲君有了甲君所不知道的感觉；第三个问题是，甲君发现我告诉了乙君，觉得被我出卖。

另一种相关的问题是这样发生的：甲君告诉我有关乙君的一些事，然后我去告诉乙君，乙君就生甲君的气，而甲君并不知道乙君生气的原因。之后，甲君就生我的气，因为我把他所讲的事告诉乙君，或是，甲君否认说他根本没有跟我讲什么。

不直接沟通会使我们要为问题的存在而担责，也使我们在隐藏怒气和冲突时，陷入僵局。

直接沟通是应对人生最好的方法，但许多人不用那样的方式来处理与别人之间的关系，反倒用逃避（忽视那个人或那个问题）、三角关系（把第三者拉进来）或是忽略的方式来处理。

"坦诚律"说出，人生最好是活在光明当中——事情最好公开，即使是负面的事；不论消息是好是坏，我们都需要知道。冲突或怀恨都会破坏两个人之间的联系，唯有通过坦诚沟通，才能够恢复人与人之间的关系。

然而，这并不是说，需要把那些烦扰我们的大小事情都提出来讨论，因为我们觉得被激怒，有一大半的时间，可能问题是出在自己身上。最烦人的莫过于老是听到某人说："我们需要谈一谈。"

但是，当有价值的事物受到破坏、某个人受到伤害或某人的行为不被接受时，轻忽、逃避或把第三者拉进来，都会导致关系上更多的问题。

此外，人都需要主动传达他们的需要、期望、意愿和感觉。你必须帮助既害羞又被动的孩子，学习主动去争取想要的东西。那些想要人家注意或安慰，却畏缩不前的孩子，需要学习如何主动把这些感觉带进人际关系里面。

让我们来看一些可以帮助孩子在人际关系中变得坦诚的原则。

原则一：你自己先遵守坦诚的法则

我最近去拜访一位同事，他那十二岁的儿子看起来非常忙碌地在吸尘，收拾他在家里到处乱丢的东西，把衣服拿去洗衣房。我以前从来没有看过他这么勤劳，所以问他到底是怎么回事。

"我想我大概是惹了麻烦，"他说，"所以我在做家务，因为有可能跟这件事有关。"

"你说'有可能跟这件事有关'是什么意思？"

"唉，只要我妈跟人打电话，我就可以肯定她在不高兴，所以我最好小心一点。"

"你到底做了什么？"

"我不知道，但是我知道一定有什么事惹她不高兴。"

"你怎么知道？"

"你看得出来的，她就是和平常不一样。"

后来的结果是：他妈妈是在生气没错，但不是对他，是对丈夫生气。然而，让人难过的是，这个十二岁的孩子竟然生活在不小的焦虑当中，认为是他做了什么事才惹母亲生气，而他并不知道到底是为了哪桩。我觉得这很悲哀，于是便去问他父亲怎么会这样。

我听到的真相是这样的：他的妻子从来不直接告诉家人她想

要什么，也不跟家人说他们做错了什么，结果呢？她可以改变整个家里的气氛，他们所知道的就是"她在不高兴"，然后家里的人要自行去找出谁做了什么事惹她不高兴。

这种行为给她的儿子树立了非常不好的榜样。

第一，让他对自己的行为没有信心，他不知道自己是对还是错。

第二，他不能自由地去爱母亲，因为他要忙着顾虑母亲的感受，还要顾及她的情绪和那种间接的沟通方式。

第三，他一直在观看和仿效这种最终会破坏他与人建立良好关系的沟通模式。

父母彼此之间以及跟子女之间的沟通方式，是"坦诚律"的出发点。你必须要成为孩子学习的榜样，在你生气或跟他们起冲突时，要用亲切但坦诚、直接的方式，与他们沟通。

原则二：让界线清楚易懂

孩子在一个没有清楚定下规矩和期望的家庭里面，很难培养出有条理的个性。当你对孩子有要求和规定时，要确定他们知道那是什么，你才有机会训练他们。

"训练时刻"需要父母和孩子都参与其中。父母所做的就是"制定规定"，孩子所做的就是"破坏规定"；然后做父母的纠正孩子的行为并给予管教后，孩子若再度破坏规定，父母就要执行后果，并给予同情；之后，这个规定就成为孩子必须面对的现实，并将之内化为行为准则。

如果规定不清楚，就没有办法做这样的训练，整个过程会受到破坏。要确定孩子知道他做错了什么，以至你可以教导他们如何做对的事。律法是我们的行为准则，使我们知道自己是否犯了法，这个道理对孩子亦然。

原则三：消除惧怕，使他们放心沟通

不肯直接沟通的基本原因在于"惧怕"，一般而言，两种惧怕使人不敢坦诚："怕失去爱"以及"怕人报复"。我们怕如果向人坦白表露怒气或受伤害的感觉，那个人就不再理我们或是生起气来。此外，孩子会误以为他们的怒气极具威力，足以毁掉你。因此，你要让他们知道，你比他们认为的更强大，借此让他们了解，他们也可以比自己认为的更强大。

这两种惧怕是普遍性的，但对那些家里真的很让人害怕的人而言，这种惧怕更加厉害。我辅导过许多成年人，在他们想要向人祖露所感受到的事情时，就会在恐慌和惧怕中退缩下来。事实上，这种恐惧力量就是许多成人沮丧和焦虑的根源。

对于这种普遍的弊病，身为父母的你可以或是消除之，或是增强其严重性。请参考下表所举的例子，看看你如何增强惧怕或消除它。

事件	如何增强惧怕	如何消除惧怕
孩子对你定的限制生气	对他生气。 抨击他生气的表现。 让他对自己的生气感到愧疚。 对他保持沉默、不跟他说话。 以行动来讽刺他的感觉。 拿他和好孩子做比较。	对他的生气给予同理心。 同情他因为限制和失去愿望而有的挫折感。 帮助他用言语来平息怒气。 保持对他的温柔和关爱，但态度坚定。 持守所定的限制。 生气的感觉过去后，限制他用攻击或不恰当的方式来表达。

续表

事件	如何增强惧怕	如何消除惧怕
孩子对你错怪他的事生气	在他的控诉中显出受伤害的样子。 对他说一些诸如"你竟然胆敢质询我"之类的话。 责备他。 撤回你对他的爱。 发怒，凌驾于他之上。	同情他所感受到的痛苦。 以开放的心胸留心倾听他对你行为的反馈。 帮助他把对你所做的事的不喜欢讲出来。 你如果真错怪他，要承认并向他道歉。 你如果下次又那样做，请他让你知道。（这会让他知道你很认真看待他的抱怨。） 你若没有做错，告诉他你了解，但你真的没意识到做错了什么，不过也谢谢他告诉你。
孩子生活中受到伤害	告诉他停止哭哭啼啼，叫他爱哭鬼。 告诉他不准再哭，不然你要让他哭个痛快。 取笑他。 拿他和兄弟姐妹或朋友做比较。 说他胆小鬼。	同情他的感受。 给予他理解和安慰。 帮助他把受伤的感觉和所发生的事讲出来。 不要太快纠正他或分析现实给他听，等他情绪平复后再说。 要他想办法和朋友解决问题，不要成为他和外在世界的缓冲剂；给他安慰；教他如何避免和别人起冲突。 给予同情和理解，他也许会拿受伤害当作逃避人生的借口，不要让他如愿以偿。告诉他，表达情绪是好的，但从现实生活中退缩是不可以的。

◇所有的感觉都是可以接受的，懂得表达感觉是件好事。

◇然而，表达感觉有某种限度，例如："我很生气！""我讨厌你！"这类说辞可以接受，但是说"你是大笨蛋"就不可以了。打人和乱丢东西也不可以。

◇你要先给予同理心使你们有所联结，先包容、接纳、关心孩子的感觉，然后再寻求了解。

◇"自制"是最重要的因素，但孩子在这种时刻会失去控制，他们需要你的制约。

◇小心不要把"爱"和"限制"分开。你要有善意、有爱心，但是要保持足够的坚定，让他知道，他的怒气不会毁了你，也不会驱使你离开他。

◇你要把自己的骄傲、自我和自恋放在一边，因为从你内在这些部分所带出的负面反应，会增强孩子最原始的惧怕。

◇彼此有摩擦之后，要有一点向孩子保证爱意的时间，即使只是搂搂他，也会让他知道，虽然是在冲突之中，但不必担心你和他之间的联结。

◇鼓励孩子把感觉用话语表达出来，因为他需要对自己的感觉负责任。你帮助他把感觉讲出来，会增强他的内在力量，让他看到自己的感觉不是那么难以处理。如果能够讲得出来并且说明自己的感觉，这些感觉就只会是感觉而已，它们就不再是像地球那么巨大的实

体。要让孩子知道"觉得难过"和"觉得像世界末日
来临"并不一样。

◇你知道孩子已经处理了他的情绪之后，再来告诉他要
学的教训，不要在与他短兵相接的同时就教育他，他
听不进去的。

◇主要指导原则如下：你要告诉孩子，你们之间的关系
大过这些冲突、感觉或经验，这些冲突过去以后，你
们间的联结和感情仍保持不变。

原则四：不要强化孩子"沉默的表达"

苏茜的父母很担心四岁的女儿逐渐退缩到幻想的世界，来
找我替她治疗。苏茜有幼儿忧郁症和精神创伤，有时候我在和她
玩游戏的时候，说了一些话让她觉得受伤害，或是她感受到一些
事情，但是不愿意表达出来的时候，就会离开我，自个儿去玩玩
具。但在这同时，我知道她在看我会做什么，我也感觉到一股拉
力让她落入情绪里面。

这种现象在家里发生的时候，她的母亲通常会问她怎么回
事，苏茜什么话都不说，而她的母亲就会做个假设，认为有什么
事不对劲，就给她一些东西，例如："你看起来很难过，我们一
起去拿块饼干吧！"

有一天，我决定要直接处理苏茜的感觉，没想到碰到极大的
阻力。

"苏茜，你看起来很安静，怎么回事？"我问她。

"没事！"她说。

"我不信你没事。"我肩头一耸。

"我想我要坐在这里等着你告诉我！"我说。

"随你，我可以走了吗？"

"不可以！"

接下来是一股又一股的紧张交叠，我不让她走，她愈来愈生气，然后她发现自己在泄露感觉，便想要再度压抑下来。但是，我不放过她，打算守住界线，直到两个人其中一个精疲力竭为止。

"我要一直坐在这里等你告诉我。"我跟她说，然后盯着她看。

最后，她开始掉眼泪，但是没有真的哭出声来。

"你看起来很难过。"我说。

她开始哭得更厉害，她哭的时候，我安慰她。然后，她开始把情况说出来，告诉我在她身上发生过的那些坏事情。

那一天，有道桥梁在我和她封闭的内心世界间构筑了起来。然而，更重要的是，她主动与我们坦白，直接地说出所经历的事情，而不是被动地表现，希望别人来救她。很快地，她的父母学会如何要求她直接和坦白地表达，她的行为模式就改变了。

一般而言，退缩型和对抗型的孩子，都是怀抱着恐惧感。你要保持温柔和关爱，但同时不要对他的"沉默表现"让步，就会让他知道你是站在他的惧怕和痛苦那边，但不站在他处理这些感觉的方法这边。有些父母发现，要求那些不善表达的幼童"把话讲出来"是很有助益的方式。孩子的行为不会一夜之间改变，但要记住两个要素：表达你的关爱，并要求他沟通。

在我的例子里，我等着苏茜讲出来，加上不许她离开的限制，终于打破了缄默。然而，有时候你必须更主动地去探索孩子的感觉，对他的沉默给予解释或问一些问题，例如"你现在看起来好像很生气""你现在看起来好像很难过""我想你可能在生我的气"，或是继续请他让你知道什么事情在困扰他，要求他表达感觉，都很有帮助。

另有一些孩子用行动来表达情绪，例如发脾气、大叫、讲粗话或是跑开。秘诀在于不许他用这种方式表达，并鼓励他口头上的沟通，告诉他："我想知道你的感受，但是我要听你说出来，不要用行动表现出来。"

原则五：不要介入其中

正如我们前面所说的，三角关系是要某个人做中间人，而不直接去和有关的人处理问题。千万不要让孩子把你当作中间人，在他们兄弟姐妹之间互相搬弄是非时，就是教导这项原则的最佳时机。此外，孩子和父亲或母亲之间有摩擦的时候，常常不直接告诉当事人，却去跟另一个人讲；有时候孩子跟父亲或母亲要东西，这个人不答应，就跑去找另一个人要，这些都是教导孩子这个原则的好机会。

一般而言，除非有什么不安全的状况发生，否则你都要让孩子自己解决彼此之间的冲突和问题。你可以这样说："我不知道你为什么告诉我这些，你需要去和你的兄弟解决问题，他是让你生气的人。"或是说："先去和你的姐妹解决这个问题，如果你们两人真的不能把这件事摆平，我才来告诉你们该怎么做。"尽可能让冲突保留在孩子之间，使他们可以学到解决冲突的必要技巧。

同样的原则应用在孩子和父亲或母亲之间的冲突上，只要是安全的，就要让孩子自己去和父亲或母亲解决问题。若是和朋友起冲突，要让他自己去处理。这是他们往后人生必须要做的事，你可以建议他们如何解决冲突，但要让他们自己去做，这点非常重要。

同样的原则也应用在他与学校以及与其他机构之间的问题

上，当然学校有家长会和一些会议，让你有机会谈论这些问题，但要让孩子采取步骤，一步步解决与学校或机构之间的问题。如果做母亲或做父亲的总是在干涉，帮孩子去"修理"，则孩子在第一次碰到雇主对他的表现不满意时，就要茫然不知所措了。

原则六：教导孩子讲出自己的界线

我们刚开始和别人起冲突时，很难知道该讲什么话，几次以后，就学会该说什么了。但是你可以先教导孩子，在他和别人起冲突的时候要怎么说，或甚至用角色扮演的方式来教导他，让他知道必要的时候该如何讲出自己的界线。因为他们会遇到许多伤人的孩子以及在游乐场上个性强硬的人，如果他们先做好准备，就会好过一些。

下面有些范例可以用来装备他们：

◇ "不要！"教他们用什么语气和态度来说这两个字。

◇ "不要，我觉得不舒服！"

◇ "不要，我不想要！"

◇ "不要，我不要做这种事！"

◇ "不要，我的父母不准我这么做！"

◇ "不要，我知道别人的私处是不该碰的！"

◇ "不要，我不喜欢吸毒，毒品会害死人！"

这些话听起来很简单，也有点老套，但有些孩子需要事先知道这些说辞，也需要一些练习来知道如何说出来。你可以和他们做角色扮演，或为他们找一些会强调这类界线的场景或团体，让他们有机会练习。

带到关系里面

最终极的界线是"爱"。我们与他人之间的联结，就是把生命结合在一起，而我们赖以为生的真理和沟通，就架构了这种联结和爱。

每件事到最后都会和"关系"有关。因此，孩子必须学习将感觉、害怕、思想、意愿，和其他所有的经验带进关系里面。

如果这些方面的冲突和某个特定的人有关，他们就必须在任何可能的时刻，和那个人解决冲突。

关系能治愈、抚慰人并架构我们的经历。我们必须知道，人所需要的爱比我们自己所认为的还要多得多，找出这个真相的唯一方法，就是把我们所感觉的带进关系里面。

你自己要做个让孩子可以对你这样做的人，要求他们和别人相处时也要如此。这么一来，他们对所要经历的事，以及对"爱"本身，就比较不会害怕了。

▲ **看完本章，你需要记住的道理是：**

1. 在人际关系里面，最重要的原则之一就是，直截了当地沟通，以及把关系里面发生的任何事，完全开诚布公；

2. 你必须要成为孩子学习的榜样，在你生气或跟他们起冲突时，要用亲切但坦诚、直接的方式，与他们沟通；

3. 在家庭里面清楚地定下规矩和期望；

4. 消除惧怕，使孩子放心沟通；

5. 不要强化孩子"沉默的表达"，鼓励他们口头上的直接沟通；

6. 千万不要让孩子把你当作中间人，介入他们的冲突；

7. 教导孩子，在他和别人起冲突的时候要怎么说，或甚至用角色扮演的方式来教导他，让他知道必要的时候该如何讲出自己的界线。

第三编
与孩子立界线的实践

第十四章　卷起你的袖子：跟孩子实行界线的六个步骤

无论你是孩子的父母、亲戚、老师或是朋友，我们希望你已经了解到，帮助孩子培养自己的界线以及尊重别人的界线的重要性。然而，仅有对这方面的关心和见解还不够。你如果把这本书搁在茶几上，或是放在孩子的枕头底下，不会对他有太多帮助。现在是你付诸实践的时刻。

你会在本章学到跟孩子实行界线的六个步骤。但是，你需要从前后关系来了解这一点，如果你不先为自己设立界线，那么这一章对你就没有什么大用。正如我们从许多角度所谈的，孩子需要的不是光会"谈论"界线的父母，而是"本身"就是界线的父母。

他们需要一位不仅"坐而言"，且能"起而行"的父母。这意味着不论什么情况发生，你都会以同情、坚定、自主，以及面对后果的态度来回应孩子。

有很多部分牵涉到回应孩子的需求或问题，例如：

◇对他们要求不该要的东西说"不可以"！
◇应对他们从学校带回来的问题。

◇处理他们与你或与手足之间的矛盾。

◇解决他们拖延和杂乱的问题。

◇帮助他们面对与同龄人之间的问题。

◇和他们处理酒精、毒品、性关系或帮派等危险的问题。

然而，若你在心里预先有个架构，再主动跟孩子谈论界线的问题，通常会更有帮助。采取下列步骤，会帮助你节省时间和精力，使你不至于想要走下一步时，还在原地打转。

请记住，你不是在和一个志趣相投的同伴建立合作关系，而是准备和某个没有半点兴趣和你合作的人争战。但是，可没有人说过做父母是获得欢迎的途径！

因此，一方面你开始这个过程时，不必取得孩子的许可或确定他赞同这个计划；另一方面，不要以专制和权威的态度来开始。有些父母从前在缺乏架构之下，被孩子牵着鼻子走，现在发现自己可以当家做主了，就有点发狂地想要弥补以前所有的损失。他们要求孩子坐下来听他颁布严厉的命令："从现在起，你要怎样怎样……不准做什么什么……"

与孩子立界线，不是要"叫"孩子去做什么事情，因为被迫去做某些事的人，不会自发地做成熟或合乎道德的选择。"界线"是为了规范孩子的生活，使他体验到行为的后果，让他更负责任、更留心他的行为。

第一步：明白三个事实

你必须先面对三个事实。第一，你的孩子并不完美，他真的有问题。这个事实可能表现在小事上，包括某些行为或态度需要调整；也可能表现在牵涉到违法的一些大事上。但是，无论事大事小，我们都要认清，所有的孩子都还不成熟。

有些父母在这一步上就很难过得去，他们否认孩子的恶行，把真正的问题用自圆其说的方法掩盖过去。例如，把孩子的狡猾当作可爱的幽默感，把他的偷懒解释成他太累，把他的侵略性说成他精力充沛。如果某个人给了你这本书，而你不懂为什么人家要你看这本书的话，去问五个肯对你说实话的朋友，看看你会得到什么答案。

父母会替孩子自圆其说，有许多原因：有些人这样做是为了逃避自己的愧疚感，有些人不想让自己的完美主义遭人非难，有些人觉得自己的孩子是受害者，另有些人不想让自己尴尬得下不了台，还有些人不想付出管教的力气。父母需要明白，这样做，可能是在牺牲孩子的利益，而目的只是保护自己的舒适感和益处。

承认问题之后，第二个要掌握的事实就是：问题的表象底下才是真正的问题。孩子那些会让你抓狂的行为和态度，不是真正的问题所在，而是另一个问题的征兆。在许多的情况下，它们都是界线的问题。

孩子的行为表现可能受性格里面某些缺陷或未发展完全的部分所驱使。这些征兆警告你注意孩子内在的问题，不要单单针对表象去反应，否则保证后头会有更多的问题接踵而来。父母通常在危急的时候，会做出反射性的回应，然后危机一解除，就抽身走了。没有界线的孩子会有许多的征兆，除非他培养出界线。

下面是一些"不是真正问题"的问题实例：

表象的问题	界线的问题
成绩很差	不在乎后果
操控其他的孩子	不尊重他人的界线
不听指示	不怕后果
挑衅、无礼的态度	自以为"受之无愧"

你需要面对的第三个事实是：时间不是万灵丹。有许多父母不想谈论界线问题，是因为有人告诉他们："等孩子长大就会没事了！"他们是会长大没错，但是你一定认识不少四十岁的成人，虽然生理上长大了，但心理上还是没有界线。时间只是给人医治的环境，但它不是医治的过程。细菌感染的人不只需要时间，还需要抗生素。

事实上，逃避、不去处理问题只会阻碍孩子的成长。时间是必需的，但非发展和修复界线的充分条件，你还需要给予孩子许多的爱心、善意和真诚。没有这些，单有时间，事情不会有所改进，只会进一步变坏而已。

第二步：插上插头，使之通电

确定你和自己之外的人有良好的互助关系——即使只和配偶有这样的关系。你跟孩子立界线，最终会帮助他情绪及心灵的成长，然而成长绝不会无中生有。做父母是一份很累人，也很有挫折感的工作，甚至会让你抓狂。单有资讯是不够的，你需要更多从别人那里而来的关爱和协助。

许多父母输了界线的战役，只因为他们被极力反抗的孩子搞得筋疲力尽。其实，这个孩子因为知道将要失去的是些什么，以至使出浑身解数来阻碍你，用他的机灵狡黠来让你觉得你很不公平或很伤害人，以致你的现实情况和决心受到严峻的考验。如果做父母的，既要应付工作和生活的问题，又要单独应战的话，一定会放弃而告诉孩子："你赢了。"但是当你有一些既不责备你，又愿意与你一同经历磨炼，并认同你在做正确事情的人在身旁时，你就能坚持到底了。你现在可能就是处在单独应战，或是只有配偶和你并肩作战的境况。

我们建议你去寻找或开始成立一个会讨论界线问题的父母小组或邻居小组，在其中交流妙招、秘诀、技术及胜利和失败的经验。我们有个同龄孩子的父母小组，其中一个人对他自己身为父亲的挣扎感到软弱无力，但他用自己的经历，巧妙地指出孩子不可能没有问题，以致那些否认孩子有问题的父母显得很沮丧，但其实那才是他们所需要面对的。正常的父母却松了一口气，因为他们知道自己不是疯子，而是有希望的人！

第三步：你个人先在界线里成长

在你开始劝导孩子守界线之前，自己先要身体力行。孩子对欺骗的感受力大得令人惊奇，他们生活在这个星球上还不够久，还不懂欺骗自己，眼睛看到什么就是什么。他们知道你什么时候是伪君子，也知道你告诉他们的事，其实连你自己都做不到。但是比这些更重要的，是我们每个人无论如何都需要培养，并且清楚自己对生活的界线。

我们认识许多的父母亲，他们把与孩子立界线所引发的冲突和痛心，当作使自己心灵和情绪成长的机会。只有少数几件事会比碰上失控的孩子，更容易让我们伤痛、不胜负荷，迫使我们省察自己。

这个步骤邀请你做的，不单关乎你的界线，也关乎你的生活。你需要努力在心灵上、情感上和品格上成长；你需要你所拥有的一切来帮助你过日子；你需要朋友来安慰扶持，帮助你面对自己的软弱和自私。孩子如果没有一直成长的父母在身旁做榜样，就很难有所成长。你不要像某些父母那样，指望学校帮忙把他们的子女变为成熟的人。孩子等着你做榜样，来教导他们做个有追求、诚实、主动去了解别人的人。如果你想要把农场经营得好，就要去问那位建农场的人如何经营，这才是明智之举。

有些父母开始处理自己的界线问题时，才发现自己是个很难对配偶、老板和朋友说"不"的人，也意识到了孩子会骑在他们头上的原因。因此，他们参加支援小组，开始"锻炼肌肉"。之后，他们发现自己更能掌握生活，也不再害怕冲突，或老觉得有愧疚感；他们也突然发现，和孩子之间的关系开始好转。或许，你可以延伸阅读我们所出的书《过犹不及》，这本书强调个人的界线，而非特别谈论为人父母的问题。

或者，你可能发现自己很难尊重别人的界线，因为你原本是个激进、攻击性强、听不进别人说"不"的人。你要接受自己在这方面的无能为力，努力朝用"影响人"，而非"控制人"的方式来改进，并且好好去体会那条同理心的金科玉律：你愿意别人怎样待你，你也要怎样待人。

我（约翰·汤森德博士）有次和一位父亲以及他的青少年儿子协谈。这个儿子交坏朋友、逃学、吸毒，而这位军人出身的父亲无法理解，为什么他的管制策略起不了作用。

有一天，他们一起来我的办公室，男孩披肩的金发已经被剪到耳朵上边，因为这位父亲冲动地把儿子架到理发店去剪掉了。"我烦透了所有这些心理学的胡言乱语，我决定自己来解决问题，"他跟我说，"你看他现在就不像那些坏孩子了！"男孩显得又羞又怒。

我跟这位父亲说："你这样做只会把真正的问题弄得更糟！"

有好长一段时间，那个男孩惹来更多的麻烦，一直到父亲能够认识到他需要停止对孩子的控制，开始让"自主"和"承受后果"来行事。这位父亲必须花很多的努力在自己的界线上，而为了这样做，他让儿子被踢出校门，甚至因为吸毒被捕而上少年法庭。他支持儿子的感受，但也支持法律所强加的限制。这位父亲不再挑剔儿子，而是设定具有合理后果的家规，来让孩子遵行。结果，他儿子变得更懂得负责任，不再那么冲动，在学业和以后的工作上也更有成果。

第四步：评估和做计划

评估你孩子的情况及你的资源，做出一份计划来处理问题。

孩子方面

你要根据孩子的情况去了解他界线上的问题。你可以在纸上列出几个重要的因素：

年龄

虽然大部分的界线问题是普遍性的，但幼儿和青少年对生命的看法不一样。你要留意同年龄段的孩子一般会有的问题，但特别注意你的孩子能够做到的是什么。这里的秘诀在于：你要推动孩子越过他觉得舒适的程度，但不要超过他的能力范围。例如，一岁以下的婴孩应该得到许多喂养，而不该期待他守什么界线；一岁以后，应当开始对他爬上家具和把手指头插进电插座的行为，用"不可以"这个词来加以训练。我们从实际经验中学到的法则是：孩子年纪越大，越能忍受挫折。

成熟的程度

孩子的成熟度因人而异，有些六岁的孩子比某些十七岁的孩子还更懂事。你要从以下几方面来看孩子的成熟度：有基本对人的信任感，有能力去结交朋友和保持友谊，对大人的要求有回应，有反抗和反对的能力，能忍受损失，能接受自己和他人的失败，以正确的态度面对权威，等等。你可以请教老师、朋友、邻居、亲戚、咨询师等那些认识你孩子的人，问他们对你孩子有何意见。下面两点是我们认为能够体现孩子成熟的最重要的品格特质，如果他这两方面都具备，那么你的工作就会轻松得多；如果在这两方面有问题，那么你在谈论特定的界线问题之前，就要先加以处理。

联结。孩子在情感上能够与你相联结吗？他认为你关心他吗？还是他和你保持距离，态度很冷淡？

诚实。你的孩子诚实吗？或是他经常在撒谎、欺骗当中挣扎？

生活环境

他的生活环境如何？父母离了婚或是婚姻有问题吗？他有任何像学习障碍、注意力不集中等问题吗？他和兄弟姐妹之间有问题吗？你要了解他的环境所带来的影响。

特定的界线冲突

要把孩子生活中特定的界线问题单独拿出来处理。他在守家规、做家务事、上学或交朋友上有问题吗？你可以简单地描述问题所在吗？

严重性

判断问题的严重性。你可能有个孩子，他最大的问题就是，你要他做什么事都需要讲三遍以上他才会去做。对这样的孩子你所要采取的解决办法，当然不同于那个在学校无法安静坐下、学校老有事打电话找你去谈的孩子。你不要一直在小事上打转，要花时间处理那些牵涉到诚实、负责、专注和道德的事情上，对孩子的发型、音乐喜好、房间整洁度等，则给他多一点自主的空间。

你自己的资源

在你对孩子界线问题的起因以及严重的程度，有了更全面的了解之后，就要评估你手边现有的情况，加以处理。请看下面的几个因素：

你自己的问题

就如我们前面所说，最重要的，不在于你做了什么，而是你在孩子面前是个什么样的人，因为他一直在观察你是怎样回应、逃避、哄骗或忽视他。你要处理自己内在那些会导致不恰当反应的缺陷。甚至把自己看作是让孩子内化的外在界线，你要不就是解决问题的关键人物，要不就是问题的延续者。

你生活的环境

留心看你生活的现实情况，例如，感情里的挣扎、婚姻上的冲突、经济或工作上的压力、还有其他的孩子要照顾等等，如果你处在危机里头，要赶快去寻找帮助。我们看到许多有界线问题的孩子，他们的父母在婚姻上多半极其混乱。重要的事先来，你自己要先有足够的秩序和架构来站对立场，才能够把秩序和架构带给孩子。

我在这里要对单亲父母讲几句话。最好是双亲来做抚育和教养孩子的工作，有几个原因：

（1）孩子可以被两位彼此相爱的人所关爱。

（2）父亲或母亲带给孩子对方可能没有的不同成熟面。

（3）他们在为人父母上互相制衡，当一方在某些方面实在太过分的时候，另一方可以进行纠正。

单亲就没有这种支援和互助，许多人身兼双职，负担极多的责任。此外，单亲也有他们自己的问题，与前任配偶的关系、经济、工作、时间、约会、孤单及其他的压力等等。如果你是单亲，你不能自己一个人来做所有的事，尤其是花精力处理孩子的界线问题。

你要主动去寻找协助和资源。找找社区里的邻居、亲戚、朋友，看有没有人能帮助你、协助你。你的孩子需要除你之外的人，带给他特定的影响。例如，与你性别不同的咨询师，或是那些会带你的孩子去看棒球赛和吃晚餐的双亲家庭，或是可以帮助你孩子的家庭作业、个人问题、体能运动、心智成长、艺术技能等的人。

我们看过许多单亲家庭，因为别人在他们生活上给予的关爱和支援，把原本没有界线可言的孩子，引导到正确的道路上。

拒绝界线的配偶

你可能结了婚，但在帮助孩子学习界线的决定上，却是孤单一人。如果孩子让父亲或母亲夹在他与另一个人的冲突中间，那会是很严重的问题。

在这种情况下，赞成界线的父亲或母亲通常被看作是刁难、苛刻的父母，而反对界线的那一方就被看作是善良、友爱的父母。孩子会自己在心里把负责任和自己做主放到一边，经常利用会满足他的父亲或母亲来解决他的问题。

如果配偶不支持你定界线，则你在开始认真和孩子执行界线之前，先和他/她讨论。如果他/她把这件事当作玩笑，结果让你要为他/她的不负责任付出代价，你就要变换方式，让他/她来面对后果。

例如，配偶不坚持让孩子做家务事，你不要自己去做，让配偶去做；如果配偶不认为孩子需要待在家里做功课，你就把学校打来的电话交给他/她去接，让他/她去和老师约谈。如果配偶强烈反对界线，你们可能要寻找婚姻上的协助。

在大部分像这样的案例里面，配偶的界线问题比他/她的父母角色更加影响孩子。不要把这看作为人父母的问题，要看作婚姻的问题。

计划

要设计一份有结构的计划书，来给你自己看，以及介绍给孩子使用。你可以根据上述已经做的，加上下面所讲的几方面，把它们写下来，这是很重要的步骤，因为有许多父母就是被孩子常用的说辞——"你没有这么说"给绊住，写下来就不会那么容易被质询。如果你以前没有做过这件事，刚开始只处理一个或两个界线的问题就够了。请记住，你是在替孩子把现存的规则颠倒过来（但是朝着正确的方向），他起先一定会以为自己到了另一个星球。

问题

要把孩子的问题用明确的字眼说出来，像成绩太差，行为有问题，如不听话、偷懒、打架、没有把事情做完……或是态度上有问题，如顶嘴、无礼、发怒、发脾气、哭闹不休……你讲问题的时候，不要用像"你是个失败者和懒惰虫"这一类的话来攻击他的人格，他会不得不为了保护自己而反击你。

期望

你希望他的学业平均成绩不要低过B；在你第一次叫他的时候就要有回应；不要有任何争执；他可以不同意你，但不准侮辱你；等等。要让这些期望可以衡量，可以衡量的事比不能衡量的事更容易改进。

后果

写出孩子不能符合你期望时会有什么后果，会失去多少权利、会有多少限制，例如失去晚上或周末跟朋友在一起的时间、失去看电视或玩电脑的时间等等。你所定的处罚，要尽可能符合他所犯的错误。你也要定下正面的激励，让他在符合期望时能够有成就感。然而，要小心你所给的正面激励，有些父母过度奖励任何非暴力程度的行为。你总不会想要让孩子认为，只要他天天刷牙，就会得到饼干或一部新车吧？若是这样，当他开始第一份工作，因为准时上班而没有人开派对庆贺时，他一定会非常失望。在家里面设定最低限度的行为要求，而不给予奖励并没有什么不好。

第五步：提出计划

你和孩子双方都必须参与这个过程。你让他参与得越多，他得到的时间、帮助和资讯越多，就越有可能为这事负起责任，并为自己的成长和你合作。你要邀请他和你合作，如果他拒绝，计划仍然要执行。你在做计划时要考虑到下列要素：

在平静的时刻提出这个计划

在你和孩子相处得很愉快时，选个时间和地点来进行，不要在双方争执的尖叫声当中推出你的计划书来，那只会使事情两极化。孩子通常会觉得被逼迫而去更强烈地反抗你，和你保持距离。

采取"赞同"而非"反对"的立场

你要让孩子知道，这个过程不是要强迫他去做某些事，或是因为你在生气。你要告诉他，你发现他生活中有既会伤害他又会伤害别人的问题。你因为爱他，所以要处理这个问题，而且你想要和他一起来做这件事。

提出问题

就如我们曾经说的，要明确、详细地说出问题所在。你要指出这个问题对他和对别人所带来的伤害的结果，例如："你大吼大叫和跑开的行为是有问题的。这种行为不管在家里或在学校，都会造成混乱，而且也于事无补！"

提出期望

像上面所说，让孩子参与这个过程，让他明确地知道你所期望的标准何在。

提出后果

做个深呼吸之后，直截了当地告诉他需要承担什么后果，不要怕给他坏消息。你不是在伤害他，而是在帮助他获得自由！你可以跟他强调，在符合你的期望上，他有绝对的自主权——他可以什么事都不做，或好像你不存在似的随心所欲，但关键在于，如果他选择反抗，后果就会成为现实。请记住，你无法控制孩子的行为，但可以控制结果；你要掌控属于你的那一份，并鼓励他自由选择。

在可以妥协的事项上折中

让孩子在你所设定的期望和后果的变数之间，加入他的意见。你在一些小事上让步可能是值得的，因为孩子会觉得不那么无助，也更能参与决定他的命运。让他知道，如果他在某段时间之后有所改进，你以后就会做一些调整。当然，不要在那些不可以妥协的事上让步，例如吸毒、酗酒、性行为、暴力、成绩不及格、旷课等，都不属于灰色地带。

也请你记住，成人的规则和孩子的规则不一样。许多时候孩子会抗议说："你自己都不去做，为什么我要做？"这发生在许多情境下，包括上床睡觉的时间、钱的使用、空闲时间的利用等等。你如果真的在某些方面违反了规定，的确需要足够谦卑地认错，然后改变行为。

然而，现实是，成人是比小孩有更多的自由，因为成人更懂得负责任（希望如此），而负责任带来自主权。你要跟孩子谈到这一点，把它作为接受界线的激励，让"成长"有它的奖赏。

让期望和后果容易看到

记在笔记本上、写在布告板上或贴在冰箱门上，都是提醒孩子期望和后果的好方法。在你们的意见明显相左时，可以把它拿出来参照。

第六步：要贯彻始终

最后一步比其他所有的步骤更困难，也更为重要。如果你自己不亲自成为孩子的界线，整个的计划就会全盘瓦解。一切都取决于你是否说到做到。前往无界线的糟糕境地的道路，是由"好意"铺设的。下面有一些事你需要加以处理：

预备孩子会有的怀疑和试探

你现在是用一个新的方法来让孩子体验新的世界，而在这个世界里面，他的行为和痛苦，都与他个人息息相关。他不再是面对唠叨或愤怒的父母，要去关注、无视或逃避，而是要面对一个站在他背后，让他为自己未来的生活，自由地做痛苦或愉快选择的大人。对他而言，这是个很大的调整。

　　你拿出这个计划时，虽然孩子可能会和你争论半天，但这通常不是真正的试探。在这个阶段，他可能只是把你所提出来的东西当作是唠叨而充耳不闻。然而，在他违反界线而你执行后果之后，你就会看到他的抗拒。你可以预想到他震惊、不敢置信、生气的反应，以及受伤、痛苦、孤立、责怪的表现。他会试图挑动你们夫妻之间的对立，甚至逐渐扩大他的恶行。他在巨大的挣扎之中，要把现实逐渐融入心里。而且，即使他让你很难堪，他也并不快乐，因为在他心里的争战，远比他和你的争战来得激烈。你要怜悯他的挣扎，因为他正如同羊没有牧人一般，迷失在自己的不成熟里。

　　我们不能不再三强调，在这个紧要关头，坚持去执行后果是多么重要的事。你可能会觉得内疚、不舒服、受辱、被憎恶、被孤立、不胜负荷、不被人爱，但是千万要守住你所立的界线！你要省思，打电话给朋友寻求支援，或做任何可做的事坚持到底。请记住，你是以爱来抚养和训练孩子的。

　　在这个时刻，回想你自己的生命历程可能会有帮助。你可以反省自己生命中那些因缺乏架构以及未去承担后果，以致今日要付出的代价；也可以回想那些被过分控制，没有能力去做选择，以致无法在生活中做决定的事。你要从所经历的深刻教训中，让孩子知道负责任地面对现实的好处，不要过分保护他免受现实之苦。

要有耐心容许孩子一再地尝试

　　你的孩子正处在一个学习的曲线上，而学习需要经过许多次尝试。你要预备他不仅违反界线，也会多次抗拒那些所要承担的后果。你要对自己有耐心，如果立界线对你是件新事物，你可能会无法每次都贯彻到底。尽你所能地持续下去，并且坚持到底。如果你发现自己做不到，要向那些经验丰富的朋友寻求帮助。他们可能可以和你一起探究问题是不是资源、能力、品格，或不切实际的期望所致，然后你就可以做调整。

赞赏孩子的调适

如果过程正确进行的话，你会开始看到坏行为少了，而你期望的好行为多了。当孩子体会到自己的有限和脆弱时，可能会很难过。你要给予他温暖，肯定他的努力。他虽然一直在抱怨，但也非常努力地在整合这些界线，让自己来顺应你的期望。不要把重点放在你对他的爱上，因为那应该是持续不变的事情。让他注意到不再有后果的日子是多么美好，周围的人也过得更快乐。帮助他明白这是为了他的益处，而不是为了要得到你的爱。你要和支援小组一起为他开个"界线成功"庆祝会。

调整及改变

你觉得孩子已经能够控制自己的行为，也更能够为自己做主时，可能想要增加期望，着重于另外的问题。然而，你不应该让孩子觉得，你们之间全部的关系只是有关界线的问题，要确定里头也有关爱、乐趣和自由时间。但他也确实需要知道，成长的功课一辈子都要学习，这样才有可能在一切事情上有好的结果。你和他都需要经常参与在那样的过程里面。

我是否为时已晚

做父母的常问我们有关施行界线的重要问题，例如："我们现在开始会不会太晚？"那些为自己的青少年或成年孩子严重的问题行为而挣扎的父母，可能会气馁或自暴自弃。请容我们说，开始为自己或孩子做对的事情，永远不要嫌太迟。你对负责任的事更坦诚更清楚，采取更主动的态度去解决问题，把规律生活的意识带到家里等等，都是你自己心灵成长和品格发展的重要部分。即使你的孩子没有界线问题，你仍然需要过正义的生活。

同时，越小的孩子越容易把建立的界线当成他行事为人的标准。幼年是接受教导的最好阶段。孩子生活在"自以为是上帝"的错觉中越久，就越会抗拒必须放弃这种幻想中的幸福生活。

然而，孩子就是孩子，即使他已经是青少年。"孩子"的意思就是，他不是成人，是个还没有具备必需的技巧和工具来操纵真实生活的人。这也意味着不论他们说什么，他们都是既不完美又未经过琢磨，而且会在生活中失败的人。你是他成长的经纪人，那个自作聪明、冷漠的孩子需要你！

孩子内在的某些部分需要你的参与，在他所有的抗拒里面，你要以父母的角色来负责照管。他通常会被自己失控的情绪和行为吓到，希望某个比他更强大的人来帮忙控制和规范他的生活。处理孩子的抗拒和违抗是为人父母的基本责任，在某种程度上，孩子是明白这一点的。

想想我下面所说的这个议题，来作为你的参考。如果你有个问题非常严重的青少年孩子，你就需要靠更多资源来处理这种情况。你可能需要更多时间、精力、金钱，以及学校、咨询服务机构和法院等来帮助你。七岁孩子的父母可能付出较少的努力，而一个已经行为偏差的青少年的父母，可能需要花上更多精力经年累月地来处理这些问题。

你可能不得不勉强接受未完成的结果。例如，有个行为有问题的十六岁孩子，虽然他可能一辈子都进不了哈佛大学，却可能从你那里得到某些非常重要的经验，帮助他度过青少年时代的最后两年。他也可能得到如何管理自己的生活和处理问题的看法，帮助他的成人生涯。

有许多青少年，他们的父母很晚才意识到要帮助孩子解决一些问题，以致他们到成人时期才去寻求成长和帮助。你生活在温室的时候，受到免于承担生活中各种后果的保护，那时候你认为最大的问题就是你无知的父母。但是当你开始必须付房租、买食物、担心怀孕时，就可能用不同的眼光来看待生命。到青少年时期的最后几年，许多青少年才对抓狂的父母对他们所做的事认真起来，开始把界线作为生活的一部分。

永远不要放弃孩子，即使在青少年时期的最后时段，你也要把握机会。你是孩子唯一的父亲或母亲，世界上没有人在他们心目中有你那样的影响地位。

▲ **看完本章，你需要记住的道理是：**

1. 孩子对欺骗的感受力大得令人惊奇，他们知道你什么时候是伪君子，也知道你告诉他们的事，其实连你自己都做不到；

2. 你要不就是解决问题的关键人物，要不就是问题的延续者；

3. 如果你是单亲，你不能一个人来做所有的事，你要主动去寻找协助和资源；

4. 成人的规则和孩子的规则不一样，你如果真的在某些方面违反规定，的确需要足够谦卑地认错，然后改变行为；

5. 开始为自己或孩子做对的事情，永远不要嫌太迟；

6. 越小的孩子越容易把建立的界线当成他行事为人的标准，幼年是接受教导的最好阶段；

7. 永远不要放弃孩子，即使在青少年时期的最后时段，你也要把握机会，你是孩子唯一的父亲或母亲。

作者简介

亨利·克劳德 /*Dr. Henry Cloud*
约翰·汤森德 /*Dr. John Townsend*

两人毕业自同一所心理学
研究院（Rosemead School
of Psychology），获临床心理
学博士学位。他们是美国广受
欢迎的讲员、知名作家与执业
心理医师，并共同主持全美播
出的心理咨询节目《新生命》
（*New Life Live*），也在加州
新港滩合开心理辅导诊所。